高等职业教育骨干校建设物流专业规划教材（项目式）

# 物流运输管理与实务
# 实训指导书

董秀红　主　编

王瑞彬　副主编

中国财富出版社

**图书在版编目（CIP）数据**

物流运输管理与实务实训指导书／董秀红主编．—北京：中国财富出版社，2014.6
（高等职业教育骨干校建设物流专业规划教材·项目式）
ISBN 978 - 7 - 5047 - 5170 - 6

Ⅰ.①物…　Ⅱ.①董…　Ⅲ.①物流—货物运输—管理—高等职业教育—教材
Ⅳ.①F252

中国版本图书馆 CIP 数据核字（2014）第 060361 号

| 策划编辑 | 崔　旺 | 责任印制 | 何崇杭 |
| 责任编辑 | 司昌静 | 责任校对 | 饶莉莉 |

| | | | |
|---|---|---|---|
| **出版发行** | 中国财富出版社（原中国物资出版社） | | |
| **社　　址** | 北京市丰台区南四环西路 188 号 5 区 20 楼 | **邮政编码** | 100070 |
| **电　　话** | 010 - 52227568（发行部） | 010 - 52227588 转 307（总编室） |
| | 010 - 68589540（读者服务部） | 010 - 52227588 转 305（质检部） |
| **网　　址** | http://www.cfpress.com.cn | | |
| **经　　销** | 新华书店 | | |
| **印　　刷** | 北京京都六环印刷厂 | | |
| **书　　号** | ISBN 978 - 7 - 5047 - 5170 - 6/F·2118 | | |
| **开　　本** | 787mm×1092mm　1/16 | **版　　次** | 2014 年 6 月第 1 版 |
| **印　　张** | 11.75 | **印　　次** | 2014 年 6 月第 1 次印刷 |
| **字　　数** | 243 千字 | **定　　价** | 24.00 元 |

# 前　言

现代物流业作为新一轮经济发展的支柱产业，在我国已步入快速发展的新阶段，市场对物流人才的需求与日俱增。据统计，我国有 200 多万个与物流相关的企业需要物流人才，到 2010 年大专以上物流人才的需求量约为三四十万人，在职人员培训量约为一二百万人。供需的巨大差异，导致物流人才急剧升温，物流专业人才已被列为我国 12 类紧缺人才之一。物流人才的培养是物流发展的基础。

和 21 世纪人才特征要求相比，现阶段物流教育存在的主要问题是：强调了过窄的专业教育，忽视了复合知识的传授，限制了学生的学科视野和综合能力素质的提高。在教育设计模式上的反映是基础理论、专业定位有待优化；在教育组织模式上的反映是重知识传授、轻能力培养。

本实训指导书配合《物流运输管理与实务》教材开发，以企业实际操作流程为基准，参考企业实际案例进行编写，符合 21 世纪高职教育的要求，通过企业实际操作和实训室软件模拟操作相结合的方式，培养学生的操作能力、分析能力以及问题的处理能力。

参加本教材编写的人员主要是东营职业学院的专职教师，企业的兼职教师指导：主编为东营职业学院董秀红，主要负责实训 6、实训 8、实训 9、实训 10、实训 15、实训 16 以及统稿；副主编为东营职业学院王瑞彬，主要负责实训 11、实训 12、实训 13、实训 14 的编写及初审；参编人员为东营职业学院徐辉增，主要负责实训 3、实训 4 及实训 7 的编写；东营职业学院殷雅荣，主要负责实训 1、实训 2 及实训 5 的编写。感谢胜利油田胜大集团物流中心、中外运东营分公司、中远物流公司东营分公司等企业兼职教师的倾心指导，以及相关企业的大力支持。

本书在编写过程中参考和吸收了国内物流运输方面的诸多教材与著作，书名及作者已列入参考文献之中，在此向这些作者表示衷心的感谢。由于编者水平有限，书中疏漏与不足之处欢迎读者和同行提出宝贵意见。

编　者
2014 年 3 月

# 目　录

**实训 1　运输型物流企业认知、岗位认知、物流运输设备认知**⋯⋯⋯⋯⋯⋯ 1

　　一、相关知识 ⋯⋯⋯⋯⋯⋯⋯⋯⋯⋯⋯⋯⋯⋯⋯⋯⋯⋯⋯⋯⋯⋯⋯⋯⋯ 1

　　二、实训目标 ⋯⋯⋯⋯⋯⋯⋯⋯⋯⋯⋯⋯⋯⋯⋯⋯⋯⋯⋯⋯⋯⋯⋯⋯⋯ 1

　　三、实训设计 ⋯⋯⋯⋯⋯⋯⋯⋯⋯⋯⋯⋯⋯⋯⋯⋯⋯⋯⋯⋯⋯⋯⋯⋯⋯ 1

　　四、实训说明 ⋯⋯⋯⋯⋯⋯⋯⋯⋯⋯⋯⋯⋯⋯⋯⋯⋯⋯⋯⋯⋯⋯⋯⋯⋯ 2

　　五、实训考核 ⋯⋯⋯⋯⋯⋯⋯⋯⋯⋯⋯⋯⋯⋯⋯⋯⋯⋯⋯⋯⋯⋯⋯⋯⋯ 2

　　六　实训总结 ⋯⋯⋯⋯⋯⋯⋯⋯⋯⋯⋯⋯⋯⋯⋯⋯⋯⋯⋯⋯⋯⋯⋯⋯⋯ 2

**实训 2　货源组织** ⋯⋯⋯⋯⋯⋯⋯⋯⋯⋯⋯⋯⋯⋯⋯⋯⋯⋯⋯⋯⋯⋯⋯⋯⋯ 3

　　一、相关知识 ⋯⋯⋯⋯⋯⋯⋯⋯⋯⋯⋯⋯⋯⋯⋯⋯⋯⋯⋯⋯⋯⋯⋯⋯⋯ 3

　　二、实训目标 ⋯⋯⋯⋯⋯⋯⋯⋯⋯⋯⋯⋯⋯⋯⋯⋯⋯⋯⋯⋯⋯⋯⋯⋯⋯ 3

　　三、实训设计 ⋯⋯⋯⋯⋯⋯⋯⋯⋯⋯⋯⋯⋯⋯⋯⋯⋯⋯⋯⋯⋯⋯⋯⋯⋯ 3

　　四、实训说明 ⋯⋯⋯⋯⋯⋯⋯⋯⋯⋯⋯⋯⋯⋯⋯⋯⋯⋯⋯⋯⋯⋯⋯⋯⋯ 6

　　五、实训考核 ⋯⋯⋯⋯⋯⋯⋯⋯⋯⋯⋯⋯⋯⋯⋯⋯⋯⋯⋯⋯⋯⋯⋯⋯⋯ 6

　　六、实训总结 ⋯⋯⋯⋯⋯⋯⋯⋯⋯⋯⋯⋯⋯⋯⋯⋯⋯⋯⋯⋯⋯⋯⋯⋯⋯ 6

**实训 3　业务受理** ⋯⋯⋯⋯⋯⋯⋯⋯⋯⋯⋯⋯⋯⋯⋯⋯⋯⋯⋯⋯⋯⋯⋯⋯ 13

　　一、相关知识 ⋯⋯⋯⋯⋯⋯⋯⋯⋯⋯⋯⋯⋯⋯⋯⋯⋯⋯⋯⋯⋯⋯⋯⋯⋯ 13

　　二、实训设计 ⋯⋯⋯⋯⋯⋯⋯⋯⋯⋯⋯⋯⋯⋯⋯⋯⋯⋯⋯⋯⋯⋯⋯⋯⋯ 13

　　三、实训目标 ⋯⋯⋯⋯⋯⋯⋯⋯⋯⋯⋯⋯⋯⋯⋯⋯⋯⋯⋯⋯⋯⋯⋯⋯⋯ 14

　　四、实训内容 ⋯⋯⋯⋯⋯⋯⋯⋯⋯⋯⋯⋯⋯⋯⋯⋯⋯⋯⋯⋯⋯⋯⋯⋯⋯ 14

　　五、实训指导 ⋯⋯⋯⋯⋯⋯⋯⋯⋯⋯⋯⋯⋯⋯⋯⋯⋯⋯⋯⋯⋯⋯⋯⋯⋯ 16

　　六、实训思考题 ⋯⋯⋯⋯⋯⋯⋯⋯⋯⋯⋯⋯⋯⋯⋯⋯⋯⋯⋯⋯⋯⋯⋯⋯ 24

　　七、实训总结 ⋯⋯⋯⋯⋯⋯⋯⋯⋯⋯⋯⋯⋯⋯⋯⋯⋯⋯⋯⋯⋯⋯⋯⋯⋯ 24

八、实训考核 ···································································· 24

**实训 4　缮制托运单** ·································································· 28
　一、相关知识 ···································································· 28
　二、实训目标 ···································································· 29
　三、实训内容 ···································································· 29
　四、实训指导 ···································································· 30
　五、实训思考题 ································································· 38
　六、实训总结 ···································································· 38
　七、实训考核 ···································································· 38

**实训 5　零担货物运输** ···························································· 48
　一、相关知识 ···································································· 48
　二、实训目标 ···································································· 48
　三、实训内容 ···································································· 48
　四、实训指导 ···································································· 50
　五、实训总结 ···································································· 73
　六、实训考核 ···································································· 73

**实训 6　干线运输** ·································································· 74
　一、相关知识 ···································································· 74
　二、实训目标 ···································································· 74
　三、实训内容 ···································································· 74
　四、实训指导 ···································································· 75
　五、实训思考题 ································································· 93
　六、实训总结 ···································································· 93
　七、实训考核 ···································································· 93

**实训 7　货物配载配装** ···························································· 102
　一、相关知识 ···································································· 102
　二、实训目标 ···································································· 102

三、实训设计 …………………………………………………… 102

四、实训说明 …………………………………………………… 102

五、实训考核 …………………………………………………… 103

六、实训总结 …………………………………………………… 103

**实训 8　铁路货物运输** …………………………………………… 104

一、相关知识 …………………………………………………… 104

二、实训目标 …………………………………………………… 104

三、实训内容 …………………………………………………… 104

四、实训指导 …………………………………………………… 106

五、实训思考题 ………………………………………………… 118

六、实训总结 …………………………………………………… 119

七、实训考核 …………………………………………………… 119

**实训 9　水路货物运输** …………………………………………… 129

一、相关知识 …………………………………………………… 129

二、实训目标 …………………………………………………… 129

三、实训内容 …………………………………………………… 130

四、实训指导 …………………………………………………… 131

五、实训思考题 ………………………………………………… 133

六、实训总结 …………………………………………………… 133

七、实训考核 …………………………………………………… 134

**实训 10　航空货物运输** ………………………………………… 140

一、相关知识 …………………………………………………… 140

二、实训目标 …………………………………………………… 140

三、实训内容 …………………………………………………… 140

四、实训指导 …………………………………………………… 141

五、实训总结 …………………………………………………… 143

六、实训考核 …………………………………………………… 143

**实训 11　同城货物运输** ·············································· 148
　　一、相关知识 ···················································· 148
　　二、实训目标 ···················································· 148
　　三、实训内容 ···················································· 148
　　四、实训指导 ···················································· 149
　　五、实训总结 ···················································· 149
　　六、实训考核 ···················································· 149

**实训 12　危险品运输** ················································ 153
　　一、相关知识 ···················································· 153
　　二、实训目标 ···················································· 153
　　三、实训团队 ···················································· 153
　　四、实训考核 ···················································· 155
　　五、实训总结 ···················································· 155

**实训 13　大型货物运输** ·············································· 158
　　一、相关知识 ···················································· 158
　　二、实训目标 ···················································· 158
　　三、实训团队 ···················································· 158
　　四、实训考核 ···················································· 160
　　五、实训总结 ···················································· 160

**实训 14　鲜活易腐货物运输** ·········································· 162
　　一、相关知识 ···················································· 162
　　二、实训目标 ···················································· 162
　　三、实训团队 ···················································· 162
　　四、实训考核 ···················································· 164
　　五、实训总结 ···················································· 164

**实训 15　综合任务一** ················································ 167
　　一、实训目标 ···················································· 167

二、实训团队 ………………………………………………… 167

三、实训考核 ………………………………………………… 169

四、实训总结 ………………………………………………… 170

**实训 16　综合任务二** ……………………………………… 171

一、实训目标 ………………………………………………… 171

二、实训团队 ………………………………………………… 171

三、实训考核 ………………………………………………… 174

四、实训总结 ………………………………………………… 174

**附录　运输作业术语** ……………………………………… 175

# 实训 1 运输型物流企业认知、岗位认知、物流运输设备认知

## 一、相关知识

物流企业运输业务部门设置，运输工具类型，装卸机械类型。

## 二、实训目标

认识参观企业的企业类型、企业性质，描述各部门岗位设置及工作职责，从事的主要运输业务类型。认识运输工具及装卸设备并能够根据作业需要进行选择使用，能够知道不同运输方式中运输工具的特点、性能、适用范围等。

## 三、实训设计

教师组织学生到物流企业（此处选择主营公路运输业务的运输型物流企业较好），由企业兼职教师整体介绍企业总体管理框架、部门设置、岗位设置，业务辐射的主要区域。认识各种运输车辆、介绍一些装卸设备。

企业一般设有：营业部、分理部、运输部等。

营业部主要职责：客户接待、客户调查、客户开发、客户维护、市场分析、市场拓展等，企业可以按运输业务设置专线组、配货组、客服组、大客户专员、综合服务等岗位。

分理部主要职责：服务营业部，满足于客户的各类分理要求，按时安全地装卸、仓储、分理货物，企业可以按运输业务设置配送、装卸、包装、仓库管理等各岗位。

运输部主要职责：加强机动车和驾驶员的管理，消除各种隐患，防止行车事故的发生，保证完成各项运输任务，提高运输的经济效益和社会效益。企业可以按运输业务设置调度、车务管理等岗位。

认识几种典型车辆，并记住车厢的外形尺寸。

认识几种集装箱车型、尺寸。

带学生到企业现场参观装卸设备现场工作过程，并介绍各种设备的适用范围。

## 四、实训说明

主要由教师进行讲述，学生可以现场提出问题，教师解答。教师在讲述过程中应强调不同规模及类型企业的部门设置可能会有所变化。

## 五、实训考核

学生能够复述出负责运输业务的主要部门、设置的岗位，各部门主要工作内容；记住三种以上主要车型的货厢尺寸；能够分辨各种类型车辆及装卸机械。

### 实训效果考核表

班级 _____ 姓名 _____

| 序号 | 考核标准 | 满分 | 得分 |
|------|----------|------|------|
| 1 | 能说出参观企业类型、主营业务 | 20 | |
| 2 | 主要设置的业务部门、主要岗位及主要职责 | 30 | |
| 3 | 能说出两种以上车厢的外部尺寸、说出常用的装卸设备名称 | 20 | |
| 4 | 能够区分托盘和集装箱的种类，了解其技术参数 | 30 | |
| | 总分 | 100 | |

## 六　实训总结

教师根据现场教学情况进行总结，对学生提出的问题进行归纳，并启发学生多了解不同企业的部门设置及岗位设置情况。

# 实训2 货源组织

## 一、相关知识

货源组织的方式。

## 二、实训目标

掌握各种货源组织的方式；掌握客户沟通技巧。

## 三、实训设计

通过模拟一单货物的实际操作流程，将运输过程中涉及的各个环节有机地结合起来，形成一个整体的认识。教师在授课过程中应安排学生将这一单货物的具体操作讲解清晰，让学生能够深入到相应的环节中，对运输业务形成认识。教师对于本单货物以外的其他情况应以外延阐释的方式提醒。全套流程实训结束后，学生对于一单货物的整体流程能够描述，对于运输的各个环节能够分解，对于具体的业务能够操作。

（一）

角色扮演：接电话

（电话铃声响）

甲（运输公司业务人员）：喂！您好，××公司！

乙（顾客）：您好，我是天津×××公司的物流经理张××，我们有一批货物需要运输，我想咨询一些价格方面的情况。

甲：没问题，请问张经理您要运输的是什么货物？

乙：是一批普通食品添加剂，数量为50件，500千克。

甲：体积呢？

乙：哦，我算一下，大概1立方米吧。

甲：那您要运到什么地方呢？

乙：我们希望你们能够从我们公司提货运到北京我们的客户手中。

甲：我们正好开设有北京方面的专线，可以做到门到门。

乙：价格呢？

甲：是这样的，天津至北京的报价为每吨 200 元，送货费为每吨 200 元，提货费每吨 25 元，这样您的货物总的运费为每吨 225 元，需要您预付。您看可以吗？

乙：是不是有些贵？

甲：关于价格是这样的，北京是我们的专线，服务是最好的，这个价格基本上已经是全市最低价了。我相信您一定知道的，对不对？您看这样好不好，初次合作，非常希望能成功，我们把提货费给您免掉吧。

乙：那就这么定了吧，什么时候货物能到？

甲：如果您今天发货的话，明天上午就可以到达！方便的话告诉一下您公司的地址，这样我可以尽快安排车辆上您那儿提货。

乙：我们公司的地址是天津市西青区中北工业园 188 号。

甲：原来我们是邻居啊，呵呵，希望能够成为好邻居。联系人找您可以吗，就打您打过来的这个电话可以吗？

乙：可以。

甲：10 分钟以后我会通知您我们提货车辆的达到时间。您还有什么要求吗？

乙：没有了！

甲：那好，感谢您的致电，张经理再见！

## （二）

——请坐，我们继续进行谈判。

——我们想同你们讨论一下货物运输问题。

——根据贸易的国际惯例，我们通常采用水上运输、海上运输、铁路运输、空中运输和汽车运输，贵方认为哪种运输方式合适？

——空运的费用太大了，对我们不合适。我们请贵方通过海路和铁路发货。

——我们满足贵方的要求，可以为运输提供能装 5000 吨的集装箱船。

——我们想提醒一下，我们的运输线路很长，贵公司采用何种倒装运输？

——通常采用铁路倒装运输。

——这样的话，贵方应有一个带铁路专用线的码头。

——您说的对，那样我们就比较容易把货物从轮船倒到火车上。

——在倒装运输时，要用集装箱交货。

——我们会遵守运输中的一切装运要求。

——贵方一般以何种形式运输货物？

——一般是成本加保险费、运费（指定目的港）的形式。

——我们急需这些货物，因此我们非常关心，贵方用什么样港口？

——不是季节性港口，而是方便的，常年使用的港口。我们最大限度地利用现在港口条件运货。

——非常感谢。

——我们帮助贵方租用往返行程船只，贵方要支出租船费。

——运价怎么样？

——大宗货物运价。

——可以。

——贵方还要承担附加费和杂费。

——好吧。冒昧地问一句，贵方承担什么费用？

——集运、仓储和疏散货物的费用以及占用码头的费用。

——港内征收什么样的税？

——驳船费、领港费、港务费、码头费、海关税、吨税、检疫费等。

——这些费用可以分摊吗？

——不反对。我们负责租船，将货物运到你们指定的、我们确认的到达港。

——贵方应该办理一切检疫手续和海关手续。

——当然了，等我们办理完所有手续之后，就来办理装运提单。

——贵方什么时候可以给我们提供第一批货物？

——今年年底。

——这对我们合适。供货时应考虑这是大包货物。

——请放心，我们尽力在商定期限内完成运输任务。

——当货物起运时，贵方要通知我方。

——毫无疑问，在装船后的 3 天内，我们用电传或传真通知贵方。

——贵方别忘了给我们转来海运运单。

——贵方还必须给我方开一个不可撤销的信用证。

——我们开出信用证后，贵方准备向我方通报哪些资料呢？

——货物装运后，我们马上通知贵方船的名称、发货日期、目的港、货物名称、数量、价格、提单的号码和合同号码。

——收到贵方通知后，我们立即着手进行卸货准备工作。

——贵方应确保货物的及时卸货并把货物从港口运到商店。

——我们会这样做的，这是我方的责任。

——今天的谈判很有收获。

——是的,我们在所有问题上都达成了一致意见。

——让我们到此结束吧。

## 四、实训说明

接电话的技巧可以灵活变化,教师也应根据情况要求模拟更多的接电话场景,如不是公司专线的情况,客户特殊要求的情况,角色可以由学生充当,也可以由教师充当客户,由学员充当业务人员。

## 五、实训考核

学生应能够熟练提炼接电话的各项必要信息。

**实训考核表**

班级 姓名

| 序号 | 考核标准 | 满分 | 得分 |
|------|----------|------|------|
| 1 | 以上信息点每项 10 分 | 90 | |
| 2 | 表达准确流利清晰 | 5 | |
| 3 | 礼仪 | 5 | |
| | 总分 | 100 | |

## 六、实训总结

由教师根据学生的表现进行总结,同时对其他货源组织方式予以补充介绍。

**知识加油站**

## 一、商务接待、拜访礼仪

### (一) 客户接待

客户接待工作是商务活动中一项经常性的工作。随着各个公司企业形象化意识的增强,客户接待工作因而更讲究规范。严谨、热情、周到、细致的接待工作,会大大加强客户对公司的了解,从而增强与公司合作的信心,促进双方业务的发展。

1. 接待工作流程（见图2-1）

好的接待工作将给客人留下深刻的印象，并能够有效促进业务的达成，是提升公司形象的重要途径。接待工作需要按照以下流程依次完成。

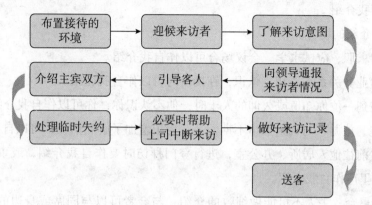

图2-1 接待工作流程

2. 接待时的介绍礼仪

（1）经人介绍

①经人介绍的顺序。在介绍两人相互认识时，总的要求是：位尊者优先了解对方的情况，即先把被介绍人介绍给你所尊敬、身份、地位较高的一方，以表示对尊者的敬重。而在口头表达上，则是先称呼尊者，然后再介绍。具体说明如下：

a. 介绍女士与男士认识时，先介绍男士，后介绍女士。

b. 介绍职位高者与职位低者认识时，先介绍职位高者，后介绍职位低者。

c. 介绍年长者与年轻者认识时，先介绍年轻者，后介绍年长者。

d. 介绍已婚者与未婚者认识时，先介绍未婚者，后介绍已婚者。

e. 介绍同事、朋友与家人认识时，先介绍家人，后介绍同事、朋友。

f. 介绍与会先到者与后来者认识时，先介绍后来者（晚到者），后介绍先到者（早到者）。

②经人介绍的方式。掌握介绍的顺序后，就可以进入正式的为他人介绍环节，由于实际需要的不同，为他人作介绍的方式也不尽相同。

a. 一般式。一般式也称标准式，以介绍双方的姓名、单位、职务等为主，适用于正式场合。

b. 简单式。只介绍双方姓名一项，甚至只提到双方姓氏而已，适用于一般的社交场合。

c. 引见式。介绍者所要做的，是将被介绍者双方引到一起即可，适用于普通场合。

d. 推荐式。介绍者经过精心准备再将某人举荐给某人，介绍时通常会对前者的优点加以重点介绍，通常适合比较正规的场合。

e. 礼仪式。这是一种最为正规的经人介绍，适用于正式场合。其语气、表达、称呼上都更为规范和谦恭。

（2）自我介绍

①自我介绍的场合。

a. 应聘求职、应试求学、会议场合可以作自我介绍。

b. 因为业务关系需要相互认识，在接洽时可以作自我介绍。

c. 当遇到一位你知道或久仰的人士时，他不认识你，你可以作自我介绍。

d. 出差、旅游、与别人办事不期而遇，为了增加了解和信赖，可以自我介绍。

e. 初次前往他人居所、办公室，进行登门拜访时要作自我介绍，或事先打电话约见，在电话里应作自我介绍。

f. 参加聚会，主人不可能做细致的介绍，与会者可以与同席或身边的人相互自我介绍。

②自我介绍的顺序。

a. 职位高者与职位低者相识，职位低者应该先做自我介绍。

b. 男士与女士相识，男士应该先做自我介绍。

c. 年长者与年少者相识，年少者应该先做自我介绍。

d. 资深人士与资历浅的人士相识，资历浅者应该先做自我介绍。

e. 已婚者与未婚者相识，未婚者应该先做自我介绍。

③自我介绍的方法。

a. 应酬式的自我介绍。适用于某些公共场合和一般性的社交场合，如途中邂逅、宴会现场、舞会、通电话时。

b. 工作式的自我介绍。适用于工作场合，这种介绍包括本人姓名、供职的单位及部门、职务或从事的具体工作等。

c. 交流式的自我介绍。适用于社交活动中，希望与交往对象进一步交流与沟通。它大体应包括介绍者的姓名、工作、机关、学历、兴趣与交往对象的某些熟人的关系。

d. 礼仪式的自我介绍。适用于讲座、报告、演出、庆典、仪式等一些正规而隆重的场合。

e. 问答式的自我介绍。适用于应试、应聘和公务交往。

3. 初次见面握手致意礼仪规范

（1）握手的礼仪

①握手的顺序。

a. 长者优先原则：只有年长者先伸出手，年幼者才可以伸手相握。

b. 职位高者优先的原则：只有职位高的人先伸出手，职位低的人才能伸手相握。

c. 女士优先的原则：只有女士先伸出手，男士才能伸手相握。

d. 在别人前来拜访时，主人应先伸出手去握客人的手，用以表示欢迎和感谢。

e. 离别之际应该客方先伸手握别，其意在于表达"再见"或对接待的感激之情。一次会见活动结束，作为主人则不要主动握手，因为此时主动握手等于催促客人赶快离开。

f. 在商务、公务场合，握手时伸手的先后顺序主要取决于职位、身份。而在社交、休闲场合，则主要取决于年纪、性别、婚否。社交场合已婚者与未婚者握手，应由已婚者首先伸出手来。先至者与后来者握手，应由先至者首先伸出手。

②握手的要领。

a. 握手时神态。与人握手时应面含笑意，注视对方双眼。这种注视是目光的交流，神态要专注、热情、友好而又自然，问候也是必不可少。在严肃或者伤感的场合，就要相应地表现出严肃和伤感之情。

b. 握手力度。握手要坚定、有力，紧握对方的手。过紧的握手当然不礼貌，但应避免只用手指部分接触对方的那种漫不经心的握手方式。

c. 握手时间。握手时间以 3~5 秒为宜。如果握手时间过短，表明双方完全出于客套、应酬或没有进一步加深交往的愿望。如果一方握对方的手时间过长，尤其是第一次见面的时候，则易被对方视为热情过度、不懂社交礼仪；如果双方之间的关系十分密切，握手时间可适当延长，并可使握着的手上下摇晃几下，表示热烈、真诚的感情。

③握手的禁忌。

a. 忌戴手套握手。

b. 忌交叉握手。

c. 忌左手握手。

d. 忌握手时手部不洁净。

e. 除患有眼疾或眼部有缺陷者外，不允许握手时戴墨镜。

f. 军人戴军帽与对方握手应先行举手军礼，然后再握手。

4. 商务场合递送名片的礼仪

递交名片礼仪如下：

①一般是地位低者先向地位高者递名片，男性先向女性递名片，年幼者先向年长者递名片。出于公务和商务的需要女性也可主动向男性递名片。

②当对方不是一人时，应先将名片递给职务较高或年龄较大者，如分不清职务高低和年龄大小时，可依照座次递名片，应给对方在场的人每人一张，以免厚此

薄彼。

③递送名片时，应面带微笑，正视对方，用双手或左手将名片上的姓名正对着对方，递给对方。

④如果是坐着，应起身或欠身递送。

接受名片礼仪如下：

①接受他人名片时应起身或欠身，面带微笑，双手或右手接过，不要只用左手接过。

②接过名片后，要从头至尾把名片认真默读一遍，意在表示重视对方，不认识的生字应主动向对方请教。根据需要可以将名片上重要的内容读出来，一般需要重读的是对方的职务、头衔、职称，以示仰慕。

③接受他人名片时，应使用谦词敬语。

④看完后郑重地将其放入名片夹中，并表示谢意。

交换名片礼仪如下：

①当对方递送名片后，如果自己没有名片或恰好没带名片或名片已用完，应向对方表示歉意，并说明原因。

②倘若一次同许多人交换名片，而且都是初交，那么最好依照座次来交换并记好核对对方的姓名，以防搞错。

③在公共场合如要索取他人名片，可以委婉地说："以后怎样同您联系？"向尊长索取名片，可以这样说："今后如何向您请教。"当他人索取本人名片，而自己无意送人名片时，可委婉地说："对不起，我忘了带名片。"或者："抱歉，我的名片用完了。"若本人没有名片，又不想说明时，也可以用这种方法表述。

## （二）拜访礼仪

拜访是商务活动中的一项经常性的工作，它也讲究规范。商务人员在拜访中的礼仪表现，不仅关系到他本人的形象，而且还涉及他所代表的组织形象。因此，拜访礼仪历来受到重视，因为它会增进客户对公司的了解，促进双方未来业务的发展。

前去拜访客人时，要注意：

①一定要在到访前先联络妥当，不告而访是一种非常失礼的社交表现。

②到客户办公室前，最好先稍事整理服装仪容。

③名片与所需的资料要先准备好，在客户面前遍寻不着，非常不专业。

④如果是重要客户，记得先关掉手机。

⑤控制时间，最好在约定时间内完成访谈，如果客户表现出有其他要事的样子，

千万不要再拖延，如为完成工作，可约定下次时间。

⑥若是重要约会，拜访之后给对方一份谢函，会加深对方的好感。

## 二、客户管理和沟通技巧

### （一）组织客户系列化

如何管理好众多客户是一项十分重要的工作。组织客户系列化，就是这样一种化繁为简、行之有效的管理方法。具体操作时，可使用两种不同的工具。

按客户对待产品的态度进行组织：按照客户对待产品的态度，可将客户分为忠诚客户、品牌转移客户和无品牌忠诚客户三类。客户管理的重点，就是培养对本厂家产品忠诚的客户和率先使用者。

按客户购买产品金额进行组织：在客户管理中，就是把全部客户按购买金额的多少，划分为 ABC 三类。A 类，大客户，购买金额大，客户数量少；C 类，小客户，购买金额少，客户数量多；B 类，一般客户，介于 A、C 类客户之间。管理的重点是抓好A 类客户，照顾 B 类客户。

### （二）客户管理的沟通方式

对客户进行管理，实施"巡视管理"是一种非常重要、行之有效的管理方法。因为巡视管理的实质是倾听客户的意见和建议，与客户保持接触，所以有效的巡视离不开有效的沟通。通常的沟通方式有倾听、教育和帮助三种：

1. 倾听

首先，要制定有效倾听的策略：

①反馈性归纳。即不时地把对方谈话的内容加以总结并征求意见，如"你刚才说的话是这个意思吗？"这也说明巡视管理者对客户的观点慎重考虑，并使客户有重申和澄清其本意的机会。

②理解对方。在倾听客户所谈内容的同时充分理解客户的感情。

③避免争论。当客户在讲一些没有道理的事情时，不要急于纠正。在谈话开始的时候要避免谈那些有分歧的问题，而是强调那些双方看法一致的问题。

其次，要采用有效倾听沟通的方式。沟通有许多种方式，概括起来，主要有：走出去、请进来和利用通信工具三种。

①走访客户。即深入客户中间，倾听真实的看法、想法。

②客户会议。即定期把客户请来举行讨论会。

③利用通信工具与客户沟通。一是认真处理客户来函来信，及时消除客户疑虑；二是安装免付费用的"热线"投诉电话来处理客户抱怨。

2. 教育

引导客户树立正确的消费观念，教会客户如何使用本厂家产品。

3. 帮助

帮助客户解决购买、使用、维修中所有问题，为客户提供优质服务。

# 实训 3  业务受理

## 一、相关知识

公司与公司的合作都是从"合同"开始的，合同一经双方签订，就意味着合同中所有条款生效并无条件执行。

运输业完成运输生产的过程，在法律上体现的是运输法律关系，而运输法律关系最重要的是运输合同关系。《合同法》规定，运输合同是承运人将旅客或货物从起运地点运输到约定地点，旅客、托运人或收货人支付票款或运输费用的合同。运输合同包括：客运合同、货运合同、多式联运合同。

## 二、实训设计

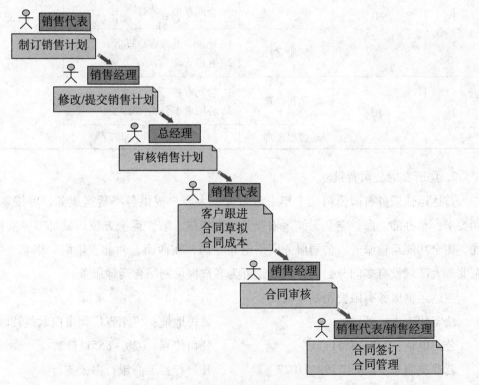

**图 3-1  业务受理流程及角色**

## 三、实训目标

①熟悉合同签订的流程；

②了解客户开发的流程以及进行客户开发的方法；

③学会制订销售计划；

④能熟练撰写运输合同。

## 四、实训内容

### 1. 实训团队

两个同学组成一个团队，认真了解实训背景，每个人除了完成下面任务外，还需要完成任务题库的内容（若时间充裕，可以交换角色实训，熟悉完成这个任务中每个角色所做的事情）。请根据分配的角色登录。

举例：团队 1 成员列表

| 序号 | 学号（举例） | 扮演角色 | 主要任务 | 备注 |
|------|------------|---------|---------|------|
| 1 | N01 | 销售代表 | 1. 组织团队成员完成本次任务<br>2. 制订销售计划<br>3. 合同草拟、签订 | 队长 |
| | | 客服文员 | 1. 记录、处理客户投诉<br>2. 客户管理 | |
| 2 | N02 | 销售经理 | 1. 合同审核<br>2. 合同成本分析 | |
| | | 客服经理 | 解决客户投诉 | |

### 2. 您所在的公司背景

益达运输服务有限公司几十年来致力为广大客户提供各类货运服务，可按客户不同要求：承办陆、海、空全天候运输业务，运作储、装、运全方位运输环节，安排快、优、廉全功能运输服务。公司服务网络遍布全国，在西南、西北、华南、华北、华东、东北等大区域设有多间分公司办事处，可为客户提供网络化运输服务。

益达运输服务有限公司基本情况：

法定代表人：刘益　　　　　　　　　公司地址：广东省广州市白云益达园区

公司电话：020 – 85511111　　　　公司传真：020 – 85511112

营业执照号：230302199211022　　开户行：工商银行白云支行

账户：2002103019300046666

3. 客户背景

新华贸易公司注册成立于 1992 年，是一家以批发贸易为主营业务的独资公司，老板是广东人，40 岁，清华大学研究生毕业，性情随和，为人诚信，公司主要经营业务是四大类商品的代理、批发及相关的仓储、配送业务。四大类商品分别是电器类、日化类、化妆品类、食品类。公司始终坚持以质量为本，以技术贸易为主导，以服务取胜，以诚信为纲的经营宗旨，凭借良好的信誉在国内外多个领域享有盛誉。

新华贸易公司基本情况：

法定代表人：任新华　　　　　　　公司地址：广东省广州市白云区新华工业园

公司电话：020 - 86322152　　　　公司传真：020 - 86322150

营业执照号：4401042099999　　　开户行：工商银行白云支行

账户：2841103019300048888

4. 任务背景

经过益达运输服务有限公司长期的客户拜访与跟进后，新华贸易公司决定在 2010 年 1 月 14 日至 2011 年 1 月 14 日期间将公司所有商品委托益达公司代为发货。

请根据相关背景资料，以益达物流公司的身份，模拟完成：

①两人一组模拟客户拜访，最终与新华贸易公司建立合作关系；

②草拟销售合同，与新华贸易公司签订运输合同，将运输合同交销售经理审核；

③撰写销售工作报告，进行本月工作总结，并制订下月销售计划；

④对销售计划进行审核；

⑤处理客户投诉。

5. 客户投诉信息

（1）延时送达事件

任务背景：

广东科迪电器有限公司（电话：020 - 85547154，传真：020 - 85547153，电子邮箱：KD @ KD. com. cn，地址：广东科迪工业园）因未能准时收到订单号为 KLDQ200907421 的货物，造成了很大一笔损失。负责人（王磊）非常气愤地打来电话要求取消同益达运输公司的合作协议。

内部调查原因：

益达物流公司派了一名新司机送货，由于不熟悉路线，绕了路。加上路上碰到交通事故塞车，故而未准时送达。请根据上述信息拟定处理意见。

（2）货物变质事件

任务背景：

2009 年 8 月 1 日，益达物流公司接到上海新华贸易公司（电话：021 - 35662121，传真：021 – 35662123，地址：上海新华工业园，电子邮箱：XH@ XH. com. cn）投诉，上午收到的货物鱼有 50% 已经成了"死鱼"，要求全赔。

内部调查原因：

冷冻车的降温系统在运输过程中坏了。

## 五、实训指导

### （一）合同草拟

本模块作为整个流程业务的开始，在商业交易中，当买卖双方达成买卖意向之后，就会通过确立合同的方式来明确双方的权利与义务，草拟合同为正式合同签订的前一阶段。

**操作流程**

①N01 用户选择销售代表登录，点击右边的回到工作岗位按钮回到工作岗位（见图 3 – 2）。

图 3 – 2

②在"实训中心"的合同管理中打开销售合同（见图 3 – 3、图 3 – 4）。

图 3 – 3

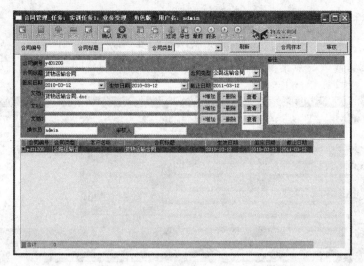

图 3 – 4

③点击"新增"，鼠标右键点击"合同样本"按钮，弹出相关合同样本，见图 3 – 5。

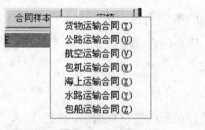

图 3 – 5

④选择相应的合同，弹出对应的合同样本，见图 3 – 6。

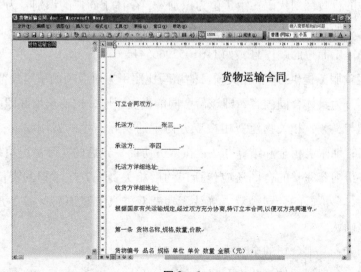

图 3 – 6

⑤填写合同的相关内容，并将其另存为到某个目录。

⑥点击"文档1"中的"+增加"按钮将刚才所签订的合同载入，点击"查看"按钮可进行编辑修改，点击"删除"按钮可删除所载入的合同（见图3-7）。

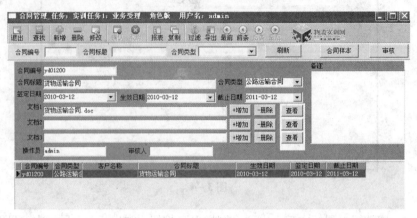

图3-7

⑦再输入合同其他的相关内容，填完整个合同表体内容存盘后，经双方代表在下方甲乙方处签字确认，则表明合同生成。

**各项内容填写说明**

甲方（委托运输方）：名称、地址。

法定代表人：即受公司授权签订此份合同的自然人。

营业执照证号：即公司注册时工商管理局颁发的营业执照上的号码，通常《个体工商户营业执照》注册号由13位数字码连续排列组成：前6位为该个体工商户登记主管机关所在地的行政区划代码；第7位为识别号，个体工商户的识别号为3（私营企业以外的内资企业的识别号为1，私营企业的识别号为2）；后六位为个体工商户登记主管机关赋予个体工商户的顺序号，如1101052966541。

乙方（运输服务提供方）：相关项目的填写比照甲方对应项的填写规范。

接下来部分为具体合同内容，即该份合同的真实意愿，按要求填好即可。

乙方权利与义务：相关物流费用按双方协定的实际产生的费用输入，包括收费项目和收费价格；期限、租金和结算办法：按双方协商一致后的实际情况填写。

同时，一份内容完整的合同还应包括违约后相关责任方应承担的责任，即违约责任规范。最后，草拟好的合同经双方确认无违背双方真实意愿后，需双方代表在合同的最下方签字确认。

甲方、乙方：签上公司的全名称。

授权代表：公司授权签订此份合同的自然人。

日期：即为合同具体签订的日期。

注意事项：草拟合同表体内的合同编号无须手工填写，点"新增"弹出草拟合同表体的时候已自动生成。

（二）合同审核

销售代表与客户签订合同后，合同经过销售经理审核后才生效。

**操作流程**

①N02 用户选择销售经理登录，点击回到工作岗位按钮回到工作岗位（见图 3 - 8）。

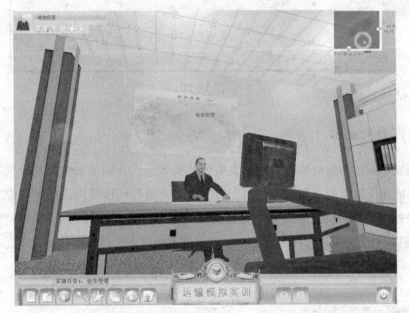

图 3 - 8

②在"任务中心"中双击选择"实训任务 1：业务受理"（见图 3 - 9）。

图 3 - 9

③在"实训中心"中的合同管理中打开"合同审核"（见图 3 - 10）。

图 3 - 10

④找到签署的那份合同，认真查阅各项后，点击"审核"按钮进行合同审核即可（见图 3 – 11）。

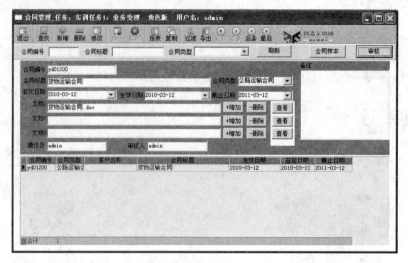

图 3 – 11

## （三）合同成本

合同成本是指为建造某项合同而发生的相关费用，合同成本包括从合同签订开始至合同完成止所发生的、与执行合同有关的直接费用和间接费用。这里所说的"直接费用"是指为完成合同所发生的、可以直接计入合同成本核算对象的各项费用支出。"间接费用"是指为完成合同所发生的、不宜直接归属于合同成本核算对象而应分配计入有关合同成本核算对象的各项费用支出。

**操作流程**

①N02 用户销售经理在"实训中心"中打开"合同管理"中的"物流成本"（见图 3 – 12）。

图 3 – 12

②点"新增"按钮，对合同中各项成本进行分析（见图 3 – 13）。

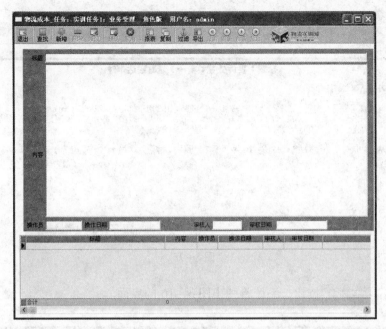

图 3 – 13

## （四）记录客户投诉

**操作流程**

①N01 用户切换到客服部的客服文员登录，点击右边的回到工作岗位按钮回到工作岗位（见图 3 – 14）。

图 3 – 14

②点击  任务题库按钮，弹出图 3 – 15 的窗口。

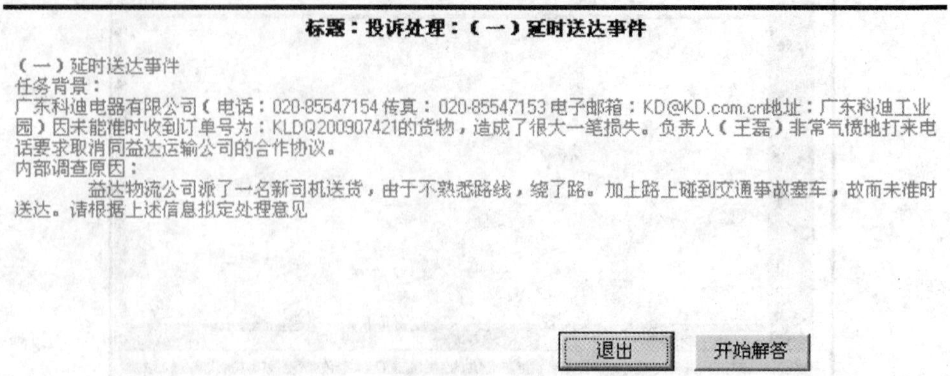

---

### 标题：投诉处理：（一）延时送达事件

（一）延时送达事件

任务背景：

广东科迪电器有限公司（电话：020-85547154 传真：020-85547153 电子邮箱：KD@KD.com.cn 地址：广东科迪工业园）因未能准时收到订单号为：KLDQ200907421的货物，造成了很大一笔损失。负责人（王磊）非常气愤地打来电话要求取消同益达运输公司的合作协议。

内部调查原因：

益达物流公司派了一名新司机送货，由于不熟悉路线，绕了路。加上路上碰到交通事故塞车，故而未准时送达。请根据上述信息拟定处理意见

退出　　　开始解答

图 3 – 15

③点击 开始解答 按钮，系统将弹出图 3 – 16 的界面。

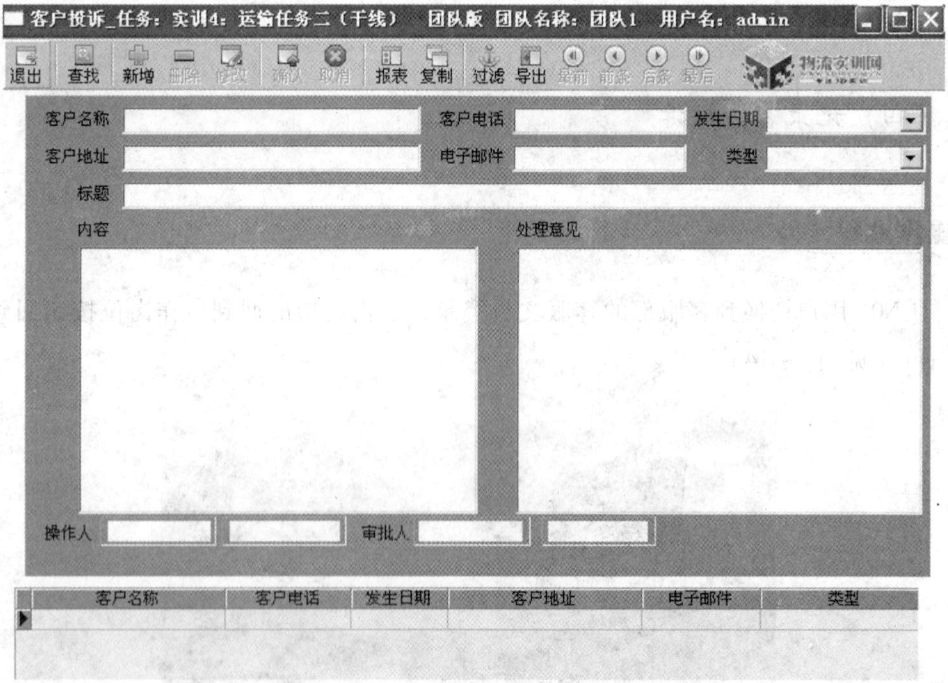

图 3 – 16

④点击 新增，根据题目内容记录内容后点击 确认 存盘，则这张投诉单系统自动流向客户经理处理。点击 退出。

⑤重复第②至第④步，继续处理下一个投诉。

（五）客户投诉处理

**操作流程**

①N02 用户切换到客服部的客服经理登录，点击右边的回到工作岗位按钮回到工作岗位（见图 3-17）。

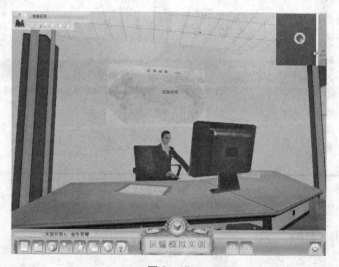

图 3-17

②在实训中心业务管理中打开 " **1 业务管理** **1 投诉审批** "，弹出图3-18 的窗口，选择刚才的投诉单。

图 3-18

③在弹出的客户回复窗口中点击 " 修改 "，输入处理意见后点击 " 确认 " 存盘。系

统会将客服经理的处理意见发给客服文员，客服文员再进行相应的处理（见图3-19）。

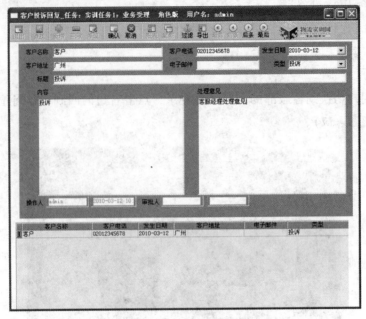

**图3-19**

## 六、实训思考题

①学生2人为一组，能够拟订货物运输合同。

②学生2人为一组，扮演客户洽谈。

③面对客户投诉如何有效解决？

## 七、实训总结

实训结束后，学生对模拟操作进行总结，编写实训报告。

实训报告包括如下内容：

①实训题目；

②实训的目的和要求；

③实训步骤；

④实训结论，2则投诉处理理赔报告；

⑤本次实验所扮演的角色及取得的主要收获和体会；

⑥每个同学都要在自己的电脑上运行出模拟的结果，并存盘，供教师考核。

## 八、实训考核

学生能够熟练地填写运输合同。

**实训考核表**

班级　　　　　　　　　　姓名

| 序号 | 考核标准 | 满分 | 得分 |
|---|---|---|---|
| 1 | 正确建立此合同并合理分配物流成本 | 50 | |
| 2 | 各类工作报表的合理建立 | 20 | |
| 3 | 任务题库答题正确率 | 10 | |
| 4 | 客户投诉处理最佳 | 20 | |
| | 总分 | 100 | |

**知识加油站** ✦➤

## 一、运输合同的订立

货物运输方式主要有三种：一是大宗货物运输，即在较长时间内的整批货物运输，有较强的计划性。签订此类货运合同，应遵循优先运输国家指令性计划产品，兼顾指导性计划和其他物质的原则。二是零担货物运输，即托运人临时性地将零星货物交付承运人，由承运人运输至目的地。该种运输合同的订立，由托运人和承运人协商，一般不受国家计划的约束。三是集装箱货物运输，该种运输合同须由有经营集装箱运输业务的车站、码头或航空港办理。所用的集装箱均应符合一定的规格要求。集装箱运输合同也是由托运人与承运人协商签订，一般不受国家计划的约束。此外，包裹运输也属于货物运输的一种，适用一般货物运输的规定。

货运合同依货物运输方式不同而有不同的订立方式。

大宗货物运输，有条件的可按年度、半年度或季度签订货运合同，也可以签订更长期限的货运合同。其他整车、整批货物运输，应按月签订货运合同。上述各种货运合同称为长期货运合同。这种货运合同经双方当事人签字盖章后，即告成立，是诺成合同。托运人在交付货物时，还应向承运人按批提出货物运单，作为运输合同的组成部分。按月签订的运输合同，批准的月度要车计划本身即可代替运输合同。

零担货物和集装箱运输以货物运单（包括包裹详情单）作为运输合同。订立的方法为：先由托运方向承运方提出运输货物的要求（包括出示必要证明文件），领取货物运单；然后托运方正确如实填写运货物运单（需加盖公章的要加盖公章），交给承运方；最后承运方对托运方在货物运单上所写的内容审核、查验后，在货物运单上加盖承运方带有日戳的公章，并开给承运凭证（包括货单、载货凭单、包裹详情单收据等），合同即告成立。

## 二、运输合同的主要条款

货物运输合同主要条款概括如下:

①托运人、收货人的名称、地址、邮政编码、联系电话。

②承运人的名称、地址、邮政编码、电话、发站（港）、到站（港）名称。

③托运货物的品名、数量、重量、件数等。

④托运货物的包装要求。

⑤货物的接收与交付。

⑥运输方式。

⑦运到期限。

⑧承运人、托运人、收货人的义务。

⑨违约责任。

⑩双方当事人约定的其他内容。

## 三、如何制订销售计划

销售人员在制订销售计划时应考虑以下三个因素:确保接触顾客的时间最大化;明确所要达成的最终目标;明确达成目标所需的资源。在执行销售计划时,销售人员必须持严谨、认真的态度,必须对自己的计划负全责。此外,销售人员还应定期评估计划的执行情况,并随时督促自己把握好进度,以达成最终目标。

1. 制订销售计划的意义

①制订计划的过程是我们描述成功方法的过程,有了这样的计划,我们销售目标的实现就更有保证。

②由于我们明确地知道自己要做什么和怎么做,我们就能把时间都用在有效的地方,不会浪费时间,从而提高我们的工作效率。

③规划工作和时间管理的习惯是成功者必备的习惯,如果培养自己的良好习惯,我们会在未来更加成功。

2. 制订销售计划应遵循的原则

确保接触顾客的时间最大化。没有接触,就没有业绩,销售人员和准顾客面对面的接触时间决定了他的业绩,销售计划的第一个检查重点是,你是否安排了足够的时间来接触足够多的准顾客。

明确所要达成的最终目标。在制订计划前,销售人员必须先了解自己的目标,也就是我们常说的指标。目标是公司对销售人员的期望,也是销售人员需要完成的任务,这些目标通常也必须遵循公司的策略性目标及优先顺序。

充分了解所能利用的资源及其优劣势。要达成目标，销售人员必须先充分了解有哪些资源可用及这些资源的优劣势。下列项目可协助销售人员检讨自己的资源状况：产品知识；价格权限；现有顾客关系；准顾客资料库；销售区域；销售辅助器材。

3. 制订周密的销售计划

好的销售计划首先是切实可行并有效率的计划。销售人员应该知道要去拜访谁、何时去拜访，每次拜访的目标及方法，争取做到充分利用自己的时间，为了制订有效的销售计划，请充分考虑以下事项并统筹安排自己的时间：

制订拜访计划。制订拜访计划时，应根据提供服务的多少和自己的能力来确定拜访次数，并计划出每日每月的拜访次数（包括每日新拜访次数、每日重复拜访次数、每月新拜访次数、每月重复拜访次数）。

制订路线计划。好的销售路线是指销售人员能在规定时间内达到规定地点并消除不必要的往返的拜访路线。通常，销售路线有直线型、四叶草型、螺旋型、地带型4种，具体来说："直线型"适用于顾客基本位于一条直线上的情形；"四叶草型"适用于销售区域很大并需要好几天时间才能走遍的情形；"螺旋型"常用于顾客很分散的情形；"地带型"要求将整个区域划分成一定数量的地带。

计划约见顾客的时间。计划好通过电话、销售信函（DM）等方式约见顾客所需的时间。

充分运用有效的时间段。一般来说，上午10：00～11：30和下午2：00～5：00之间是与顾客会面的最佳时间段，销售人员应充分利用。

做销售准的时间。具体来说，包括建议书撰写、资料准备等工作。

客诉处理时间。销售人员应认识到尽快处理顾客投诉的重要性，并留出专门的时间来处理。

实训时间。参与公司内部实训的时间。

会议。参加公司会议的时间。

# 实训4　缮制托运单

## 一、相关知识

发货人（货主、货运代理）在托运货物时，应按承运人的要求填写货物托运单，以此作为货物托运的书面申请。货物托运单是发货人托运货物的原始依据，也是承运人承运货物的原始凭证。承运人接到托运单后，应进行认真审核，检查各项内容是否正确，如确认无误，则在运单上签章，表示接受托运。在公路汽车运输中，由于发货人与承运人一般具有长期的货运关系，托运人可利用电话等联络方式进行货物托运申请。在这种情况下，承运人必须了解所承运货物的重量、体积及有关管理部门发放的进出口许可证（批文）、装卸货目的地、收发货详细地址、联络人及其电话等项情况。由承运人按托运人提供的资料填制《承运凭据》，交给司机到托运人指定的地点装运货物。

客服文员主要职责：完成客户服务工作，包括录入客户订单（收货订单、发货订单、配送订单），记录或处理客户投诉，处理客户查询（物流服务价格查询、物流跟踪查询），记录客户资料档案。

现代运输方式的分类见图4-1。

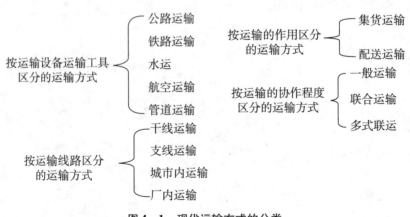

**图4-1　现代运输方式的分类**

## 二、实训目标

①掌握两种不同方式的业务接单。

②熟悉托运单的条款项，熟悉货物运输托运单的填写步骤；掌握托运单的填写要领及作用。

③掌握托运作业的添加、查询。

④掌握如何分单，遇到客户投诉时应如何解决，对客户怎样管理。

⑤确定托运里程及计算运费。

⑥根据货物内容及货物要求送达时间选择最合理的运输方式（业务类型）。

## 三、实训内容

选择任务：团队组长以总经理的角色登录任务中心选择任务：缮制托运单。

1. 实训团队

3个同学组成一个团队，认真了解实训背景，每个人除了完成下面任务外，还需要完成任务题库的内容（若时间充裕，可以交换角色实训，熟悉完成这个任务中每个角色所做的事情）。请根据分配的角色登录。

举例：团队1成员列表

| 序号 | 学号（举例） | 扮演角色 | 主要任务 | 备注 |
|---|---|---|---|---|
| 1 | N01 | 客服文员 | 电话接单<br>有两种托运单：<br>A. 系统自动录入<br>B. 手动录入 | 队长 |
| 2 | N02 | 业务主管 | 客户自送单<br>分两种情况：<br>A. 客户自送单<br>B. 目的地网点提货 | |
| 3 | N03 | 运输经理 | 分单管理 | |

2. 实训背景

请根据任务内定完成系统中20张托运单的资料，模拟完成：

①托运单的缮制；

②根据货物内容、客户要求到达时间选择合理的业务类型（运输方式）；

③初步核算托运里程及运杂费。

3. 托运单信息举例

客户委托信息1：

委托方：豪景新村南 1 - 603 李先生

联系人：李明

联系电话：020 - 8524 × × × ×

地址：豪景新村南 1 - 603

收货网点：广州嘉忠

提货方式：上门提货

保险金额：不买保险

付款方式：现收

要求到达时间：2 天

收货方：望京花园 5 号 1209 彭泽

联系人：彭泽

联系电话：135 × × × × × × × ×

地址：望京花园 5 号 1209

送货方式：客户自提

托运单号：N0000001

## 四、实训指导

### （一）电话接单

**操作流程**

1. 系统自动录入托运单

①N01 用户选择客服部的客服文员登录（见图 4 - 2）。

图 4 - 2

②点击 "  " 回到工作岗位按钮回到工作岗位。

③等待电话，电话响时点击右下角的 " 📖 " 按钮接听电话，在弹出的消息框中点击 "确定"，见图 4-3，弹出 "业务接单"，见图 4-4。

图 4-3

图 4-4

这张从广州发往上海的业务单属于自动录入，直接点击 " 确认 " 按钮存盘即可。

2. 手动录入托运单

①客服部的客服文员登录点击 " 📷 " 回到工作岗位按钮回到工作岗位。

②点击 " 📘 " 菜单双击选择 "实训任务 2：缮制托运单" 任务。

③等待电话，电话响时点击右下角的 " 📖 " 按钮接听电话，在弹出的消息框中点击 "确定"，见图 4-5，弹出 "业务接单"，见图 4-6。

图 4-5

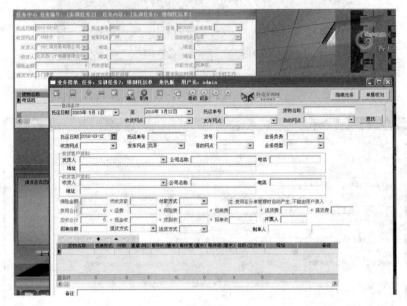

图 4-6

④此时弹出的业务接单多了一个任务内容的窗口，点击"新增"根据托运单的内容填写相关的单据信息，见图 4-7。

图 4-7

（二）客户自送单

**操作流程**

1. 客户自送单

①N02 用户选择运输部的业务主管登录，点击右边的回到工作岗位按钮回到工作岗位（见图 4 - 8）。

图 4 - 8

②在实训中心的业务管理中双击打开"客户自送订单处理"，见图 4 - 9。

图 4 - 9

③弹出选择单据界面，选择要处理的单据，见图 4 - 10，点击"确定"按钮处理此单据，见图 4 - 11。

图 4 - 10

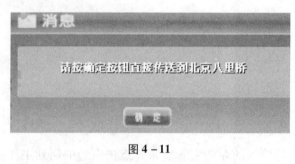

图 4 – 11

④点击"确定"按钮传送到指定地点。

⑤提示通知客户送货，见图 4 – 12。

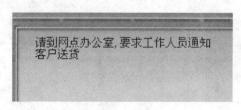

图 4 – 12

⑥到网点办公室点击工作人员，在弹出的菜单中选择" 通知客户送货 "通知客户

送货，点击" ✕ "按钮返回 3D 界面，见图 4 – 13。

图 4 – 13

⑦客户到达后提示"                              ",确定后到网点办公室点击司机,提示"请填写托运单",确定后弹出托运单,见图4－14。如果单据为自动录入,则直接点击"确认"按钮存盘即可,如果单据为手动录入,则根据任务内容点击"新增"按钮填写相关信息,见图4－15,填写完毕后存盘退出。

图 4－14

图 4－15

⑧"                              "确定后系统自动打印托运清单,见图4－16。

## 托运单

| | | | | | | | NO:N003 | | |
|---|---|---|---|---|---|---|---|---|---|

公司地址　　　　　　　　　　　　　　　　　　　　　　　NO:N003

联系人　　　　电话　　　　传真　　　　　　　　日期：2010.03.12

| 发货人 | 北京百味林食品销售有限公司 | | | 收货人 | 上海市日用杂品总公司 | | | |
|---|---|---|---|---|---|---|---|---|
| 发货地址 | | | | 收货地址 | | | | |
| 发货电话 | | | | 收货电话 | | | | |
| 货物名称 | | 包装形式 | 件数 | 重量 | 体积 | 规格 | 备注 | |
| 食品 | | 纸箱 | 100 | 0.1 | 0.15 | | | |
| 运费 | 0 | 保险费 0 | 包装费 0 | 送货费 0 | | 提货费 0 | | |
| 现金收 | 0 | 货到收 0 | 回单收 0 | 优惠金额 0 | | 提货方式 客户自送 | | |
| 总运费(小写) | 0 | 总运费(大写) | | 零 分 | | 送货方式 客户自提 | | |
| 提货地点 | | | | | | | | |
| 注意事项 | | | | | | | | |
| 备注 | | | | | | | | |
| 开票人 | admin | 托运人签名 | **已签名** | 收货人签名 | **已签收** | | | |

图 4 – 16

⑨根据提示到收货点点击右下角的收货验货按钮收货验货，见图 4 – 17。

图 4 – 17

— 36 —

⑩收货验货完毕后点击"　　　　　　　　　"司机，将托运单交还给司机后此单据完成，再回到工作岗位继续下一张单据。

（三）分单管理

**操作流程**

①N03 用户选择运输部的运输经理登录，点击回到工作岗位按钮回到工作岗位，见图4－18。

图 4－18

②在实训中心业务管理中双击打开分单管理" ——— 1 业务管理　1 分单管理，弹出分单管理窗口，见图4－19。

图 4－19

③点击"刷新",见图 4 – 20。红色表示未审核单据,黑色表示已审核单据。

图 4 – 20

a. 选择单据号点击"修改"选择"业务类型"后,点击"确认"。

b. 分配好运输方式后点击"审核"(这几项费用是系统自动生成的),如果业务类型未填,则需填写业务类型存盘后再审核(运费 送货费 提货费 保险费 保险金额)。

## 五、实训思考题

①填写托运单时应该注意哪些事项?
②接货时应该注意哪些事项?
③哪些因素会影响运输成本?

## 六、实训总结

实训结束后,学生对模拟操作进行总结,编写实训报告。

实训报告包括如下内容:

①实训题目;
②实训的目的和要求;
③实训步骤;
④实训结论;
⑤本次实验所扮演的角色及取得的主要收获和体会;
⑥每个同学都要在自己的电脑上运行出模拟的结果,并存盘,供教师考核。

## 七、实训考核

各项单据的填写要正确无误,场景模拟中的业务熟练。

班级　　　　　　　　　　　姓名

| 序号 | 考核标准 | 满分 | 得分 |
|---|---|---|---|
| 1 | 托运单录入的正确率，托运单录入的效率（录入时间统计） | 40 | |
| 2 | 是否正确收货，如遇退货是否会根据提示对某批货物退货 | 20 | |
| 3 | 业务类型的合理分配及审核 | 20 | |
| 4 | 分单的成本核算最优 | 20 | |
| | 总分 | 100 | |

**知识加油站**

## 一、托运单介绍

### （一）什么是托运单

托运单（Booking Note，B/N）俗称下货纸，是托运人根据贸易合同和信用证条款内容填制的，向承运人或其代理办理货物托运的单证。承运人根据托运单内容，并结合船舶的航线、挂靠港、船期和舱位等条件考虑，认为合适后，即接受托运。

托运单是运货人和托运人之间对托运货物的合约，其记载有关托运人与送货人相互间的权利义务。运送人签收后，一份给托运人当收据，货物的责任从托运转至运送人，直到收货人收到货物为止。如发生托运人向运送业要求索赔时，托运单为必备的文件。运送业输入托运单上数据的正确与否，影响后续作业甚大。

### （二）托运单的分类

托运单分为海运托运单、陆运托运单、空运托运单。

### （三）托运单主要内容

发货人一般应在装运前10天制好出口货物托运单或明细单，送交承运公司办理托运手续。其主要内容及缮制要求如下：

①经营单位或发货人（SHIPPER）：一般为出口商。

②收货人（CONSIGNEE）：以信用证或合同的要求为准，可以填 TO ORDER，TO ORDER OF ××，×× CO. 和 TO BEABER 等，一般以前两种使用较多。

③通知人（NOTIFY）：以信用证要求为准，必须有公司名称和详细地址。

④分批装运（PARTIAL SHIPMENT）和转运（TRANSHIPMENT）：要明确表示是否可以分批和转运。

⑤运费（FREIGHT）：应注明是"运费预付（FREIGHT PREPAID）"还是"运费到付（FREIGHT COLLECT）"。

⑥装运日期（SHIPPING DATE）：按信用证或合同规定的装运期填写。

⑦货物描述及包装（DESCRIPTION OF GOODS；NO. S OF PACKAGES）：填写商品的大类名称及外包装的种类和数量。

⑧总毛重、总净重及总体积（TOTAL GROSS WEIGHT、NET WEIGHT、MEASURE-MENT）：按实际填写。

## 二、商品接运

由于商品到达仓库的形式不同，除了一小部分由供货单位直接运到仓库交货外，大部分要经过铁路、公路、航运、空运和短途运输等运输工具转运。凡经过交通运输部门转运的商品，均需经过仓库接运后，才能进行入库验收。因此，商品的接运是商品入库业务流程的第一道作业环节，也是商品仓库直接与外部发生的经济联系。它的主要任务是及时而准确地向交通运输部门提取入库商品，要求手续清楚，责任分明，为仓库验收工作创造有利条件。因为接运工作是仓库业务活动的开始，是商品入库和保管的前提，所以接运工作好坏直接影响商品的验收和入库后的保管保养。因此，在接运由交通运输部门（包括铁路）转运的商品时，必须认真检查，分清责任，取得必要的证件，避免将一些在运输过程中或运输前就已经损坏的商品带入仓库，造成验收中责任难分和在保管工作中的困难或损失。

由于接运工作直接与交通运输部门接触，所以做好接运工作还需要熟悉交通运输部门的要求和制度。例如，发货人与运输部门的交接关系和责任的划分，铁路或航运、海运等运输部门在运输中应负的责任，收货人的责任，铁路或其他运输部门编制普通记录和商务记录的范围，向交通运输部门索赔的手续和必要的证件等。

做好商品接运业务管理的主要意义在于：防止把在运输过程中或运输之前已经发生的商品损害和各种差错带入仓库，减少或避免经济损失，为验收和保管保养创造良好的条件。

## （一）商品接运的方式

接运方式大致有4种，现将各种接运方式的注意事项分别叙述如下。

1. 车站、码头接货

①提货人员对所提取的商品应了解其品名、型号、特性和一般保管知识、装卸搬

运注意事项等。在提货前应做好接运货物的准备工作，如装卸运输工具、腾出存放商品的场地等。提货人员在到货前，应主动了解到货时间和交货情况，根据到货多少，组织装卸人员、机具和车辆，按时前往提货。

②提货时应根据运单及有关资料详细核对品名、规格、数量，并要注意商品外观，查看包装、封印是否完好，有无玷污、受潮、水浸、油渍等异状。若有疑点或不符，应当场要求运输部门检查。对短缺损坏情况，凡属铁路方面责任的，应做出商务记录；属于其他方面责任需要铁路部门证明的应做出普通记录，由铁路运输员签字。注意记录内容与实际情况要相符合。

③在短途运输中，要做到不混不乱，避免碰坏损失。危险品应按照危险品搬运规定办理。

④商品到库后，提货员应与保管员密切配合，尽量做到提货、运输、验收、入库、堆码成一条龙作业，从而缩短入库验收时间，并办理内部交接手续。

2. 专用线接车

①接到专用线到货通知后，应立即确定卸货货位，力求缩短场内搬运距离；组织好卸车所需要的机械、人员及有关资料，做好卸车准备。

②车皮到达后，引导对位，进行检查。看车皮封闭情况是否良好（即卡车、车窗、铅封、苫布等有无异状），根据运单和有关资料核对到货品名、规格、标志和清点件数；检查包装是否有损坏或有无散包；检查是否有进水、受潮或其他损坏现象。在检查中发现异常情况，应请铁路部门派员复查，做出普通或商务记录，记录内容应与实际情况相符，以便交涉。

③卸车时要注意为商品验收和入库保管提供便利条件，分清车号、品名、规格，不混不乱；保证包装完好，不碰坏，不压伤，更不得自行打开包装。应根据商品的性质合理堆放，以免混淆。卸车后在商品上应标明车号和卸车日期。

④编制卸车记录，记明卸车货位规格、数量，连同有关证件和资料，尽快向保管人员交代清楚，办好内部交接手续。

3. 仓库自行接货

①仓库接受货主委托直接到供货单位提货时，应将这种接货与出验工作结合起来同时进行。

②仓库应根据提货通知，了解所提取货物的性能、规格、数量，准备好提货所需要的机械、工具、人员，配备保管人员在供方当场检验质量、清点数量，并做好验收记录，接货与验收合并一次完成。

4. 库内接货

存货单位或供货单位将商品直接接运送到仓库储存时，应由保管人员或验收人员直接与送货人员办理交接手续，当面验收并做好记录。若有差错，应填写记录，由进货人员签字证明，据此向有关部门提出索赔。

## 三、货物保险

货物运输保险按运输工具的不同可以分为海上、陆上、航空、邮包以及多式联运货物保险。货物运输保险也可以分为涉外货物运输保险和国内货物运输保险。国内货物运输保险与海上货物运输保险同为运输保险的重要组成部分，由于国内货物运输保险是从海上货物运输保险演变而来的，因而其性质与海上货物运输保险有颇多的相似之处。

### （一）国内货物运输保险的定义

国内货物运输保险是以在国内运输过程中的货物为保险标的，在标的物遭遇自然灾害或意外事故所造成的损失时给予经济补偿。

### （二）国内货物运输保险的分类

1. 按运输方式的不同分类

（1）直运货物运输保险

直运货物运输保险承保的货物是从起运至目的地只用一种运输工具的运输，即使中途货物需转运，转运用的运输工具与前一段运输所使用的运输工具仍属同一种类。

（2）联运货物运输保险

联运货物运输保险承保的是两种或两种以上不同的主要运输工具运送货物的运输，可以有水陆联运、江海联运、陆空联运等。联运货物运输保险的保险费率高于直达运输下的货运险费率。

（3）集装箱运输保险

集装箱运输也叫货柜运输，是20世纪50年代出现的一种运输方式。集装箱运输的优点在于能做到集装单位化，即把零散包件货物集中在大型标准化货箱内，因而可以简化甚至避免沿途货物的装卸和转运，从而可以使得降低货物运输成本，加速船舶周转，减少货物残损短少成为可能。集装箱运输方式自产生以后历经了迅速的发展。若投保集装箱货物运输保险，其费率较利用其他运输方式运输货物的要低。

2. 按运输工具的不同分类

（1）水上货物运输保险

承保用水上运输工具承运货物的一种运输保险。水上运输工具指轮船、驳船、机帆船、木船、水泥船等。

（2）陆上货物运输保险

承保除水上运输工具和飞机以外的所有其他运输或手段运载货物的运输保险，运输工具包括机动的、人力的、畜力的，如火车、汽车、驿运等。

（3）航空货物运输保险

承保以飞机为运输工具运载货物的运输保险。

按运输工具的不同对国内货物运输保险进行分类是最常见的一种分类方法。在国内货物运输保险的保险单上还可以见到特殊货物保险，如排筏保险、海上抢轮木排运输保险、港内外驳运险和市内陆上运输保险等。

## （三）国内货物运输保险的特点

国内货物运输保险虽然是财产保险的一种，但与一般财产保险有所区别，具有以下几个方面的特点：

### 1. 保险标的

普通财产保险是以存放在固定地点的各种财产作为自己的保险对象，如企业财产保险承保机器、设备，家庭财产保险的保险标的是家具、家用电器等，因而普通财产保险的保险标的通常处于相对静止的状态。而货物运输保险的保险标的是从一地运到另一地的货物，经常处于运动状态之中，具有较大的流动性。

### 2. 责任起讫

普通财产保险的保险期限一般按时间计算确定，货物运输保险属于运程保险，保险责任的起讫时间从货物运离发货人仓库开始，直至运达目的地的收货人仓库或储存地为止，按保险标的实际所需的运输途程为准。

### 3. 保险范围

从保障范围来看，国内货物运输保险要比普通财产保险广泛得多。在发生保险责任范围内的灾害事故时，普通财产保险仅负责被保险财产的直接损失以及为避免损失扩大采取施救、保护等措施而产生的合理费用。国内货物运输保险除了负责上述损失和费用外，还要承担货物在运输过程中因破碎、渗漏、包装破裂、遭受盗窃以及整件货物提货不着而引起的损失，以及按照一般惯例应分摊的共同海损和救助费用，货物运输保险也应该负责。

## （四）国内水路、陆路货物运输保险的基本内容

国内水路、陆路货物运输保险分为基本险和综合险两种。

### 1. 基本险的保险责任

①因火灾、爆炸、雷电、冰雹、暴风、洪水、地震、海啸、地陷、崖崩、滑坡、

泥石流所造成的损失。

其中需要说明的有：

火灾包括：意外失火，如运输工具发生失火，用火设备不良等；货物自燃成灾；他人纵火；因救火所致保险标的的损失，如货物遭到水渍损毁、灭失的损失；毗邻火灾波及被保险货物并造成的损失。

对未直接遭受洪水泡损，但却受潮变质的被保险货物，保险人不予赔偿。

②由于运输工具发生碰撞、搁浅、触礁、沉没、出轨或隧道、码头坍塌所造成的损失。

③在装货、卸货或转载时，因遭受不属于包装质量不善或装卸人员违反操作规程所造成的损失。

④按国家规定或一航惯例应分摊的共同海损的费用。

⑤在发生上述灾害、事故时，因纷乱而造成的货物散失以及因施救或保护货物所支付的直接合理费用。

2. 综合险的保险责任

若投保了综合险，保险人除负责基本险责任外，还负责赔偿下列损失：

①因受震动、碰撞、挤压而造成破碎、弯曲、凹瘪、折断、开裂或包装破裂致使货物散失的损失。

②液体货物因受震动、碰撞或挤压致使所有容器（包括封口）损坏而渗漏的损失；或用液体保藏的货物因液体渗漏而造成的保藏货物腐烂变质的损失。

③遭受盗窃或整件提货不着的损失。

④符合安全运输规定而遭受雨淋所致的损失。

3. 责任免除

由于下列原因造成保险货物的损失，保险人不负赔偿责任：

①战争或军事行动。

②核事件或核爆炸。

③保险货物本身的缺陷或自然损耗，以及由于包装不善。

④被保险人的故意行为或过失。

⑤全程是公路货物运输的，盗窃或整件提货不着的损失。

⑥其他不属于保险责任范围内的损失。

4. 保险期限

（1）责任起讫

保险责任的起讫期是自签发保险凭证和保险货物运离起运地发货人的最后一个仓库或储存处所时起，至该保险凭证上注明的目的地收货人在当地的第一个仓库或储存处所时终止。但保险货物运抵目的后，如果收货人未及时提货，则保险责任的终止期最多延长至以收货人接到《到货通知》后的15天为限（以邮戳日期为准）。

"运离"的含义是指被保险货物从起运地发货人的最后一个仓库或储存处所，被装载于主要运输工具或辅助运输工具的过程。"运离"包含两种情况，一种情况是一件货物被装运上运输工具，这件货物可视为"运离"，另一种情况是货物虽未装上运输工具，但已开始被搬动，这时也应视为"运离"，对此，保险人同样承担责任。"运离"一件负责一件，"运离"一批负责一批，因而，在货物运输过程中，保险人承担的风险是逐渐增大的，直至货物全部"运离"时风险值最大。

"起运地发货人的最后一个仓库或储存处所"是被保险人或其发货人将保险货物起运于运输工具（包括辅助性运输工具）外运，或发往水路或陆路运输机构前存放被保险货物的任何一个被保险人或其发货人所有、占用或租用的仓库或储存处所。

（2）中转

对于保险货物从一地运至另一地的过程中属于正常的中途运转，保险人予以负责。被保险货物在中转地停留候运期间发生的责任范围内的损失都可得到赔偿，停留时间的长短不受限制。此外，保险人对无法控制的情况引起的不合理绕道及改道，以及由此导致的货物中转停留不予负责。

（3）责任终止

国内水路、陆路货物运输的保险责任在被保险货物运抵合同载明的目的地、卸离运输工具并存放于目的地收货人在当地的第一个仓库或储存处所时终止。

若被保险货物运抵目的地后，收货人未及时提货或只提取部分货物，保险人对未提货物或剩余未提货物只承担15天的责任。若被保险货物运抵目的地的15天内，被保险人或其收货人不是将货物提出放入自己的仓库或储存处所而是就地直接发运其他单位或再转运其他单位，责任即告终止。

5. 保险金额

国内水路、陆路货物运输保险的保险金额采取定值保险的方式，一般先由被保险人提出保险金额并填入投保单，经保险人同意即可成为正式的保险金额。确定保险金额通常有两种标准：

（1）目的地成本价

目的地成本价是指货物的购进价加上运抵目的地发生的一切运杂费、包装费、保险费及税款等费用。一般国内水路、陆路货物运输保险的保险金额按这种方法确定。

（2）目的地市价

目的地市价是指货物到达目的地的销售价格，也就是到达目的地的实际成本价再加上合法的利润。

6. 保险费率

国内水路、陆路货物运输保险的保险费率确定时较复杂。在制定保险费率时，应主要考虑保单期间受损财产占全部投保财产的比率（即赔付率），同时，还应考虑以下因素：

①运输工具。各种不同种类的运输工具以及各种运输工具的结构、性能和新旧程度的差异使货物在运输中所面临的风险大为不同。因此，不仅要对不同运输工具承运货物使用差别费率，而且对都是通过水运、陆运的货物，如轮船和木船，人力和动力等，费率也要有所差别。例如，火车出事的概率小于汽车，因此，对火车使用的费率小于对汽车使用的，船舶吨位小的费率要高于吨位大的。对船舶来说，还有航行区域的规定，航行区域费率分为江河和沿海两种。

②运输方式。不同的运输方式，货物在运输中面临的风险不同，所使用的费率也应不同。例如："直运"和"联运"相比较，"直运"只使用一种运输工具，而"联运"则涉及中途变更运输工具，增加了卸载、重载等中间环节，对"联运"的费率是按联运所使用的运输工具中费率最高的一种运输工具再加收 0.5 确定的，明显高于"直运"费率。一般集装箱运输的保险费率较低，这是因为集装箱运输可减少货物的残损短少，风险相对较小。

③货物性质。货物性质是确定保险费率应考虑的一个主要因素，不同性质的货物决定它们发生意外事故和受损程度的不同。例如：易爆、易燃物品风险很大，发生损失的可能性较高，保险费率相应要高一些。我国国内水路、陆路货物运输保险费率规章根据货物的特性，将货物分为五类，类别越高风险程度越大，费率相应也就越高。

④运输途程

运输途程是指货物运输所经过的路线，运输途程可能长短不等，也有可能所经过的区域的危险性大小也不同，货物在运输途中的时间长，受损的机会就大，费率就比途程较短的要高。途经区域地势险峻，水流湍急，费率就会比地势平坦，水流平稳的费率高。

（五）国内航空货物运输保险的基本内容

1. 保险责任

被保险货物在保险有效期内无论是在运输还是存放过程中，由于下列原因造成的损失，保险人负责赔偿：

①由于飞机遭受碰撞、倾覆、坠落、失踪（在 3 个月以上），在危难中发生卸装以及遭受恶劣气候或其他危害事故发生抛弃行为所造成的损失；

②被保险货物本身因遭受火灾、爆炸、雷电、冰雹、暴风、暴雨、洪水、海啸、

地震、地陷、崖崩所造成的损失；

③被保险货物因受震动、碰撞或压力而造成的破碎、弯曲、凹瘪、折断、开裂等损伤以及由此引起的包装破裂而造成的损失；

④凡属液体、半流体或者需用液体保藏的被保险货物，在运输中受震动、碰撞或压力所致使容器（包括封口）损坏发生渗漏而造成的损失，或用液体保藏的货物因液体渗漏而致使保藏货物腐烂的损失；

⑤被保险货物因遭受盗窃或者提货不着的损失；

⑥在装卸货时和地面运输过程中，因遭受不可抗力的意外事故及雨淋所造成的被保险货物的损失。

此外，对于在发生责任范围内的灾害事故时，为防止损失扩大采取施救或保护货物的措施而支付的合理费用，保险人也负赔偿责任，但最高以不超过保险金额为限。

2. 责任免除

被保险货物在保险期限内不论是否在运输或存放过程中，由于下列原因造成的损失，保险人不负责赔偿：

①战争或军事行动；

②由于被保险货物本身的缺陷或自然损耗。

# 实训 5　零担货物运输

## 一、相关知识

零担运输是指托运一批次货物数量较少时，装不足或者占用一节货车车皮（或一辆运输汽车）进行运输在经济上不合算，而由运输部门安排和其他托运货物拼装后进行运输。运输部门按托运货物的吨公里数和运价率计费。

## 二、实训目标

重点掌握零担运输各环节的主要工作，掌握零担货物运输作业程序，了解零担货物运输的概念、种类和特点。

## 三、实训内容

6 个同学组成一个团队，认真了解实训背景，每个人除了完成下面的任务外，还需要完成任务题库的内容（若时间充裕，可以交换角色实训，熟悉完成这个任务中每个角色所做的事情）。请根据分配的角色登录。

举例：团队 1 成员列表

| 序号 | 学号（举例） | 扮演角色 | 主要任务 | 备注 |
|---|---|---|---|---|
| 1 | N01 | 客服文员 | 电话接单<br>有两种托运单：<br>A. 系统自动录入<br>B. 手动录入 | 队长 |
| | | 财务会计 | 成本核算 | |
| 2 | N02 | 业务主管 | 客户自送单<br>分两种情况：<br>A. 客户自送单<br>B. 目的地网点提货 | |

| 序号 | 学号（举例） | 扮演角色 | 主要任务 | 备注 |
|------|------------|---------|---------|------|
| 3 | N03 | 运输经理 | 分单管理 | |
| | | 调度员 | 车辆申请 | |
| 4 | N04 | 配载员 | 货物配载 | |
| | | 司机 | 送货上门 | |
| 5 | N05 | 司机 | 货物收集 | |
| 6 | N06 | 司机 | 长途运输 | |

1. 实训任务

请根据任务内容完成系统中有 30 张从北京网点发往广州的托运单资料，请模拟完成：

①托运单的缮制；

②分单、申请车辆；

③初步核算托运里程及运杂费；

④收货；

⑤送货。

2. 托运单信息举例

客户委托信息 1：

委托方：北京金保利纺织工业有限公司

联系人：刘涛

联系电话：010 - 8851 × × × ×

地址：北京市丰西路 8 号

收货网点：北京丰西

提货方式：上门提货

保险金额：不买保险

付款方式：回单收

要求到达时间：3 天

收货方：豪景新村南 1 - 603 王小

联系人：王小

联系电话：020 - 8727 × × × ×

地址：豪景新村南 1 - 603

送货方式：客户自提

托运单号：LD0000002

## 四、实训指导

### （一）客服文员接上门提货单

**操作流程**

①N01 用户选择"客服文员"角色，点击"下一步"按钮登录系统，见图 5－1。点击"回到工作按钮"。

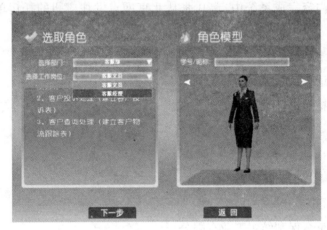

图 5－1

②系统会在左下角提示接听客户电话，点击右边的电话图标按钮接听电话，见图 5－2。（注：选择任务与回到工作岗位不分先后顺序，即可先选择任务后回到工作岗位，反之，亦可）

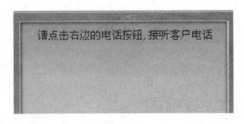

图 5－2

电话图标

③确定接听电话后，根据任务内容（单据为手动录入，如果单据为自动录入，则直接点击"确认"按钮存盘即可），录入单据信息，见图 5－3，单击"确认"按钮保存退出，见图 5－4，返回 3D 界面。继续接听电话处理下一张单据。

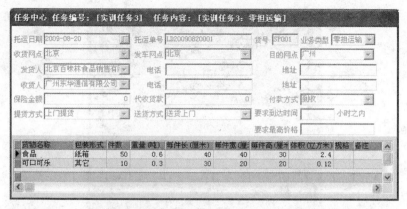

图 5 - 3

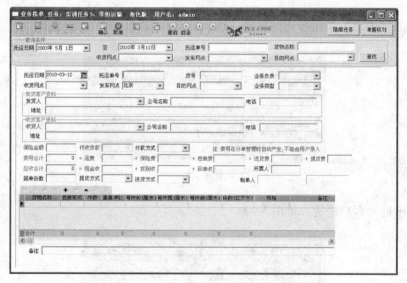

图 5 - 4

（二）业务主管接送货上门单

操作流程 ➡️

①N02 用户选择运输部的业务主管登录，点击右边的回到工作岗位按钮回到工作岗位。
②在实训中心的业务管理中双击打开"客户自送订单处理"，见图 5 - 5。

图 5 - 5

③弹出选择单据界面，选择要处理的单据，点击"确定"按钮处理此单据，见图 5 - 6。

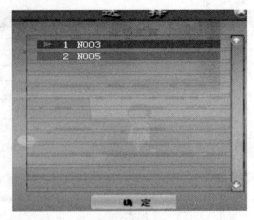

图 5 – 6

④点击"确定"按钮传送到指定地点，见图 5 – 7。

图 5 – 7

⑤提示通知客户送货，见图 5 – 8。

图 5 – 8

⑥到网点办公室点击工作人员，在弹出的菜单" 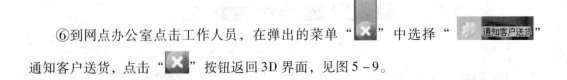 "中选择"

通知客户送货，点击" "按钮返回3D界面，见图 5 – 9。

图 5 – 9

⑦客户到达后提示"                                          ",确定后到网点办公室点击司机,
提示"请填写托运单",确定后弹出托运单,见图 5 – 10。如果单据为自动录入,则直
接点击"确认"按钮存盘即可;如果单据为手动录入,则根据任务内容点击"新增"
按钮填写相关信息,见图 5 – 11,填写完毕后存盘退出。

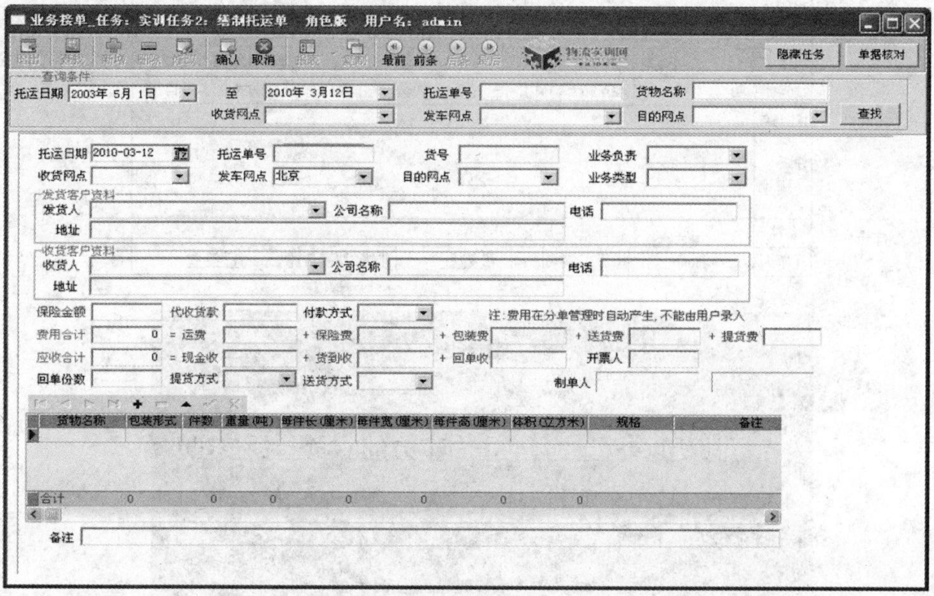

图 5 – 10

任务中心 任务编号: [实训任务2] 任务内容: [实训任务2: 缮制托运单]

| 托运日期 2010-03-12 | 托运单号 N003 | 货号 N00300 业务类型 |
| 收货网点 北京八里桥 | 发车网点 北京 | 目的网点 上海 |
| 发货人 北京百味林食品销售有 | 电话 | 地址 |
| 收货人 上海市日用杂品总公司 | 电话 | 地址 |
| 保险金额 0 | 代收货款 0 | 付款方式 现收 |
| 提货方式 客户自送 | 送货方式 客户自提 | 要求到达时间 2 小时之内 |
| | | 要求最高价格 |

| 货物名称 | 包装形式 | 件数 | 重量(吨) | 每件长(厘米) | 每件宽(厘米) | 每件高(厘米) | 体积(立方米) | 规格 | 备注 |
|---|---|---|---|---|---|---|---|---|---|
| ▶食品 | 纸箱 | 100 | 0.1 | 15 | 10 | 10 | 0.15 | | |

图 5－11

⑧ "                    " 确定后系统自动打印托运单,见图 5 – 12。

### 托运单

| 公司地址 | | | | | | | | NO:N003 |
|---|---|---|---|---|---|---|---|---|
| 联系人 | | 电话 | | 传真 | | | | 日期: 2010.03.12 |

| 发货人 | 北京百味林食品销售有限公司 | | 收货人 | 上海市日用杂品总公司 | |
|---|---|---|---|---|---|
| 发货地址 | | | 收货地址 | | |
| 发货电话 | | | 收货电话 | | |

| 货物名称 | 包装形式 | 件数 | 重量 | 体积 | 规格 | 备注 |
|---|---|---|---|---|---|---|
| 食品 | 纸箱 | 100 | 0.1 | 0.15 | | |

| 运费 0 | 保险费 0 | 包装费 0 | 送货费 0 | 提货费 0 |
|---|---|---|---|---|
| 现金收 0 | 货到收 0 | 回单收 0 | 优惠金额 0 | 提货方式 客户自送 |
| 总运费(小写) 0 | 总运费(大写) | 零 分 | | 送货方式 客户自提 |
| 提货地点 | | | | |
| 注意事项 | | | | |
| 备注 | | | | |
| 开票人 | admin | 托运人签名 已签名 | 收货人签名 | 已签收 |

图 5 – 12

⑨根据提示到收货点点击右下角的"收货验货"按钮收货验货，见图5－13。

图5－13

⑩收货验货完毕后点击司机"　　　　　　　"，将托运单交还给司机后此单据完成，再回到工作岗位继续下一张单据。

（三）运输经理分单

N03用户选择运输经理角色登录系统，点击右边的"回到工作岗位"按钮回到工作岗位，在实训中心打开分单管理窗口，点击"刷新"按钮，找到刚才的单据点击"审核"按钮进行审核（注：未审核的单据以红色显示，已审核的单据以黑色显示）。见图5－14继续审核下一张单据。

图5－14

（四）短途车辆申请

运输经理审核单据后，换调度员角色登录系统，点击"回到工作岗位"按钮，在实训中心打开车辆申请窗口，点击"新增"按钮填写车辆申请单，单号为系统自动生成，运输类型为"短途运输_货物收集"，地点为"配送中心"。见图5-15。

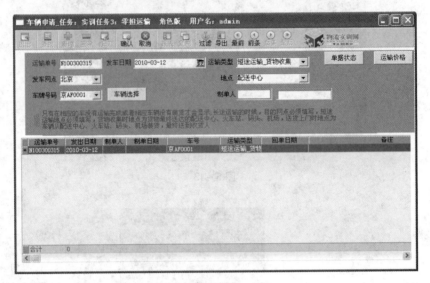

图 5-15

（五）货物收集货物配载

**操作流程**

①N04用户选择配载员角色登录系统，点击"回到工作岗位"按钮，在实训中心打开"配载管理"，双击选择"货物收集管理"，进行货物配载，见图5-16。

图 5-16

②打开车辆配载窗口，点击"修改"按钮，点击"货物配载"按钮，打开货物信息进行配载，点击"存盘退出"按钮，见图5-17，返回车辆配载模块，保存后点击"审核"按钮进行审核。见图5-18。

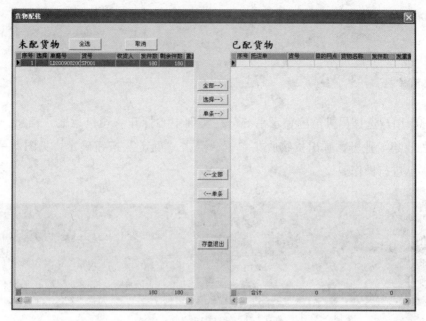

图 5 – 17

注：货物配载说明：①如果点击"全部"按钮表示将配载所有的货物；②可以在"选择"字段项中打"√"再点击"选择"按钮；③鼠标选中某单据后点击"单条"按钮。

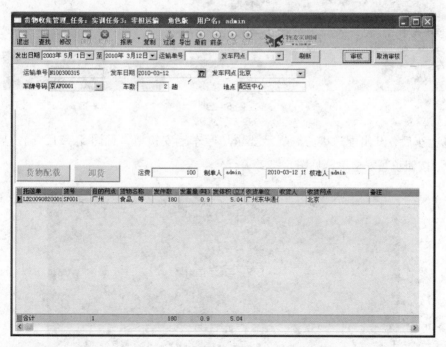

图 5 – 18

（六）货物收集

**操作流程**

①N05 用户选择司机角色登录系统，在实训中心打开"司机运输"信息，双击选择"货物收集"业务，弹出货物收集单据，点击"确定"按钮确定，见图 5 – 19，根据系统提示进行操作。

图 5 – 19

②根据系统提示，找到对应的车辆，点击"上车"按钮或按"F"键上车，见图 5 – 20。

图 5 – 20

③上车后，开出配送中心，提示要求填写车辆安检单，见图 5 – 21，确定后点击"修改"按钮填写安检单，见图 5 – 22。

图 5 – 21

图 5−22

④安检完后，根据提示，到"北京百味林食品销售有限公司"取货（具体地点点击"地图"按钮参考地图），见图 5−23，到达取货点后，点击"下车"按钮下车，走到电梯处点击小菜单中的公司名称到达该公司，见图 5−24。

图 5−23

图 5 – 24

⑤到达该公司后，点击工作人员，再点击左边的"取货"按钮，取到货后，系统将自动打印货物清单，关闭清单，系统提示将货物送回配送中心卸货，见图 5 – 25。

图 5 – 25

⑥确定后，点击关闭按钮" ✕ "退出，走到电梯处点击小菜单中的名称返回，见图 5 – 26。

图 5 – 26

⑦走到车前点击右下角的放货物按钮"📦"将货物放到车上，并将货物送回配送中心，见图5－27。

**图5－27**

⑧将车开回配送中心的"广州"收货区卸货，见图5－28，确定后，系统将安排卸货人员卸货，见图5－29。

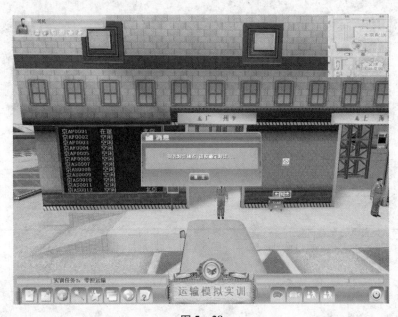

**图5－28**

图 5 – 29

（七）长途车辆申请

卸货完毕后 N03 调度员用户，在实训中心打开车辆申请窗口，点击"新增"按钮填写车辆申请单，申请长途车辆，运输类型为"长途运输_ 零担运输"，见图 5 – 30。

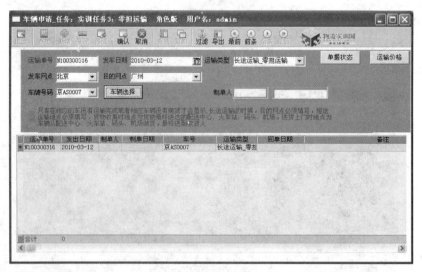

图 5 – 30

（八）长途运输货物配载

车辆申请后，N04 用户配载员角色进行货物配载，在实训中心打开"配载管理"，双击选择"车辆配载装车",装车后点击"审核"按钮审核单据,见图5-31。

图5-31

## (九)零担长途运输

**操作流程**

①货物配载后,N06用户选择司机角色登录系统,在实训中心打开"司机运输",双击选择"零担长途运输单",根据提示操作,见图5-32。

图5-32

②选择单据后系统提示车辆信息以及停放点,根据提示到长途停车场(城北停车场)取车牌为京AS0007的车辆,见图5-33。

城北停车场

图5-33

③取车后开到配送中心（需安检）的发货区广州发货区装货，装货完毕后，将货物送往广州配送中心北京卸货区卸货，见图5-34。

图 5 - 34

④卸货完成后提示单据是否送货上门或通知客户来提货，见图5-35。

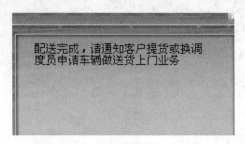

图5-35

（十）送货上门货物

**操作流程**

①调度员 N03 用户申请车辆，运输类型为"短途运输_ 送货上门"，见图5-36。（注：操作与前面调度员的操作相同，只是运输类型不同）

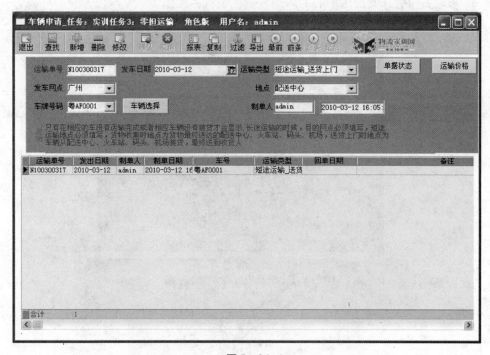

图5-36

②配载员 N04 用户将货物装车配载，在实训中心打开配载管理，双击选择货物送货上门，弹出送货上门单据，点击"确定"按钮，见图5-37，根据提示操作。（注：配载操作与前面介绍的操作相同）

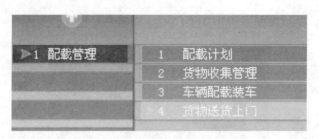

图 5 – 37

③N04 用户选择司机登录系统，选择送货上门运输单，弹出送货上门单，系统会提示车辆信息及装车地点，见图 5 – 38。

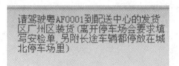

图 5 – 38

a. 车辆安检后开到配送中心的广州发货区装货，见图 5 – 39。

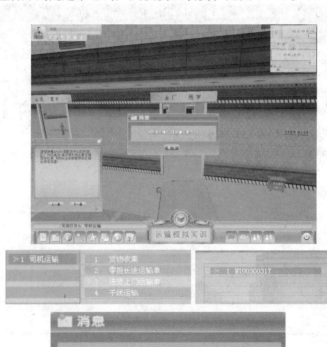

图 5 – 39

b. 装货后，将货物送到系统提示目的地（该公司在宝龙大厦内），到达目的地后，点击"下车"按钮下车，再走到车前，点击"拿货物"按钮取货，见图 5 - 40。

图 5 - 40

c. 拿到货物后，走到宝龙大厦电梯，点击小菜单中的"东华通信有限公司"到达该公司，见图 5 - 41。

图 5 – 41

d. 到达该公司后，点击"前台文员"，再点击左上角的"送货"按钮送货，最后点击"返回"按钮返回 3D 界面，完成送货上门任务，见图 5 – 42。

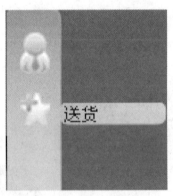
 返回按钮

图 5 – 42

（十一）客户自提货物

**操作流程**

①业务主管 N02 用户选择"  "—" ▶1 业务管理 "双击" ▶2　目的网点客户提货 "，弹出单据选择窗口，见图 5 – 43。

图 5 –43

②选择单据后弹出界面，见图 5 –44。

图 5 –44

③点击"确定"按钮，弹出界面，见图 5 –45。

图 5 –45

④弹出提示见图5-46。

图5-46

⑤点击"确定"后点击过来提货的NPC，见图5-47。

图5-47

⑥弹出提示见图5-48。

图5-48

⑦点击确定后弹出托运单内容，见图5-49。

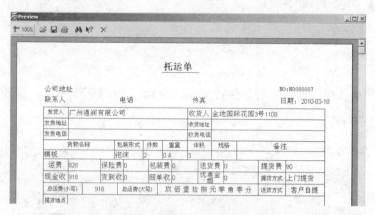

**图5-49**

⑧关闭托运单内容窗口，弹出提示见图5-50。

**图5-50**

⑨点击"     "后系统将自动完成货物的装车提示，见图5-51。

**图5-51**

## （十二）财务结算

**操作流程**

①N01 用户选择财务部的财务会计登录，点击"回到工作岗位"按钮回到工作岗位，见图 5 – 52。

图 5 – 52

②在实训中心打开"财务管理"的"客户结算"，弹出客户结算窗口，点击"刷新"按钮找到刚才的单据（红色表示未结算，黑色表示已结算），点击"修改"按钮，输入应收金额（此单据为货到收），存盘退出，完成客户结算，见图 5 – 53。

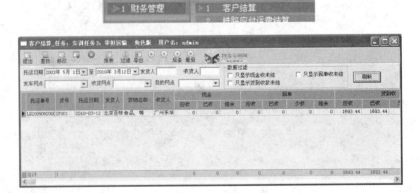

图 5 – 53

## 五、实训总结

实训结束后，学生对模拟操作进行总结，编写实训报告。

实训报告包括如下内容：

①实训题目；

②实训的目的和要求；

③实训步骤；

④实训结论；

⑤本次实训所扮演的角色及取得的主要收获和体会；

⑥每个同学都要在自己的电脑上运行出模拟的结果，并存盘，供教师考核。

## 六、实训考核

①托运单正确受理，分值每一张订单5分。

②收货时间、成本最低分析，分值每一张订单5分。

③送货时间、成本最低分析，分值每一张订单5分。

④任务题库的完成及正确率。

# 实训 6　干线运输

## 一、相关知识

### 1. 概念

干线运输是主要使用汽车或其他车辆（如人、畜力车等）在公路上进行货客运输的一种方式。

### 2. 特点

主要优点是灵活性强，公路建设期短，投资较低，易于因地制宜，对收到站设施要求不高，可采取"门到门"运输形式，即从发站者门口直到收货者门口，而不需转运或反复装卸搬运。公路运输也可作为其他运输方式的衔接手段。公路运输的经济半径，一般在 200 千米以内。

缺点：运输能力低，成本高，劳动生产率低，不适合运输大宗物品，长距离运输费用较高。

### 3. 适用性

主要承担近距离、小批量的货运和水运、铁路运输难以到达地区的长途、大批量货运及铁路、水运优势难以发挥的短途运输。

## 二、实训目标

①了解公路运输成本的构成及控制方法。
②熟练各类单据的缮制。
③掌握公路运输方式的作业操作流程并分析其主要特征。
④了解公路运输的优缺点和适用范围。

## 三、实训内容

6 个同学组成一个团队，认真了解实训背景，每个人除了完成下面任务外，还需要完成任务题库的内容（若时间充裕，可以交换角色实训，熟悉完成这个任务中每个角色所做的事情）。请根据分配的角色登录。

举例：团队 1 成员列表

| 序号 | 学号（举例） | 扮演角色 | 主要任务 | 备注 |
|---|---|---|---|---|
| 1 | N01 | 客服文员 | 电话接单<br>有两种托运单：<br>A. 系统自动录入<br>B. 手动录入 | 队长 |
| | | 财务会计 | 成本核算 | |
| 2 | N02 | 司机 | 收货及送货 | |
| 3 | N03 | 运输经理 | 分单管理 | |
| | | 调度员 | 车辆申请 | |
| 4 | N04 | 配载员 | 货物配载 | |
| 5 | N05 | 司机 | 收货及送货 | |
| 6 | N06 | 司机 | 收货及送货 | |

实训任务

本任务有 30 张由广州发出的干线运输托运单，请模拟完成：

①干线运输托运单的录入、运输方式的选择及审核；

②运输车辆的申请、货物的配载；

③货物的送达及运输成本的核算。

## 四、实训指导

### （一）业务接单

N01 完成业务接单，具体操作步骤参考实训 2。

### （二）分单

N03 用户选择运输部——运输经理登录，具体操作步骤参考实训 2（在业务类型中选择干线运输）。

### （三）车辆申请

操作流程 ✦▶

①N03 用户选择"运输部——调度员"登录，见图 6 - 1。

图 6 – 1

②点击图标"        "回到工作岗位。

③点击图标"    ",选择"  1 车辆申请  ",双击"  1    车辆申请  "弹出"车辆申请"窗口。

④在弹出的界面中选择"  新增  "。

⑤填好"  运输类型 长途运输_干线运输  ▼  ",根据单据状态填写发车点和目的地点,填好后按"  确认  ",则申请车辆成功,继续处理下一张单据。

表内数据说明:

运输单号:系统自动生成,也可以手动输入。

发车日期:什么时候发车。

运输类型:选择"  运输类型 长途运输_干线运输  ▼  "(通过何种方式运输,与"业务类型"是相对应的)。

地点:  配送中心  火车站  码头  机场      (中转地点是哪,与"业务类型"是相对应的)。

车辆选择:显示全部车辆所处状态(见图6-2)。

车辆状态显示

| 车号 | 车辆状态 | 发车网点 | 目的网点 | 车辆位置 | 车辆类型 | 载重量 | 体积 | 车长 | 车宽 | 车高 |
|---|---|---|---|---|---|---|---|---|---|---|
| 粤A0001 | 空闲 | 广州 | | 广州 | 自有短途 | 0.5 | 3 | 2 | 1.5 | 1 |
| 粤A0002 | 空闲 | 广州 | | 广州 | 自有短途 | 0.5 | 3 | 2 | 1.5 | 1 |
| 粤A0003 | 空闲 | | | 广州 | 自有短途 | 3 | 14.4 | 3 | 2.4 | 2 |
| 粤A0004 | 空闲 | | | 广州 | 自有短途 | 3 | 14.4 | 3 | 2.4 | 2 |
| 粤A0005 | 已配载 | 广州 | 南京 | | 自有长途 | 5 | 24 | 5 | 2.4 | 2 |
| 粤A0006 | 已申请车辆 | 广州 | 南京 | 广州 | 自有长途 | 5 | 24 | 5 | 2.4 | 2 |
| 粤A0007 | 空闲 | 广州 | 上海 | 上海 | 自有长途 | 8 | 33.6 | 7 | 2.4 | 2 |
| 粤A0008 | 空闲 | 广州 | 南京 | 南京 | 自有长途 | 8 | 33.6 | 7 | 2.4 | 2 |
| 粤A0009 | 空闲 | 广州 | 上海 | 上海 | 自有长途 | 10 | 38.4 | 8 | 2.4 | 2 |
| 粤A0010 | 空闲 | 广州 | 北京 | 北京 | 自有长途 | 10 | 38.4 | 8 | 2.4 | 2 |
| 粤A0011 | 在途 | 广州 | 北京 | 广州 | 自有长途 | 15 | 57.6 | 12 | 2.4 | 2 |
| 粤A0012 | 空闲 | 广州 | 北京 | 广州 | 自有长途 | 15 | 57.6 | 12 | 2.4 | 2 |
| 京A0001 | 空闲 | 北京 | | 北京 | 自有短途 | 0.5 | 3 | 2 | 1.5 | 1 |
| 京A0002 | 空闲 | | | 北京 | 自有短途 | 0.5 | 3 | 2 | 1.5 | 1 |
| 京A0003 | 空闲 | | | 北京 | 自有短途 | 3 | 14.4 | 3 | 2.4 | 2 |
| 京A0004 | 空闲 | | | 北京 | 自有短途 | 3 | 14.4 | 3 | 2.4 | 2 |
| 京A0005 | 空闲 | 北京 | 广州 | 广州 | 自有长途 | 5 | 24 | 5 | 2.4 | 2 |
| 京A0006 | 空闲 | | | 北京 | 自有长途 | 5 | 24 | 5 | 2.4 | 2 |
| 京A0007 | 空闲 | | | 北京 | 自有长途 | 8 | 33.6 | 7 | 2.4 | 2 |
| 京A0008 | 空闲 | | | 北京 | 自有长途 | 8 | 33.6 | 7 | 2.4 | 2 |
| 京A0009 | 空闲 | | | 北京 | 自有长途 | 10 | 38.4 | 8 | 2.4 | 2 |
| 京A0010 | 空闲 | | | 北京 | 自有长途 | 10 | 38.4 | 8 | 2.4 | 2 |
| 京A0011 | 空闲 | | | 北京 | 自有长途 | 15 | 57.6 | 12 | 2.4 | 2 |
| 京A0012 | 空闲 | | | 北京 | 自有长途 | 15 | 57.6 | 12 | 2.4 | 2 |
| 沪A0001 | 空闲 | 上海 | | 上海 | 自有短途 | 0.5 | 3 | 2 | 1.5 | 1 |
| 沪A0002 | 空闲 | | | 上海 | 自有短途 | 0.5 | 3 | 2 | 1.5 | 1 |
| 沪A0003 | 空闲 | | | 上海 | 自有短途 | 3 | 14.4 | 3 | 2.4 | 2 |

图 6－2

单据状态：可以方便地查看系统中所有需要申请车辆的单据所处的状态及车辆的状态信息，见图 6－3。

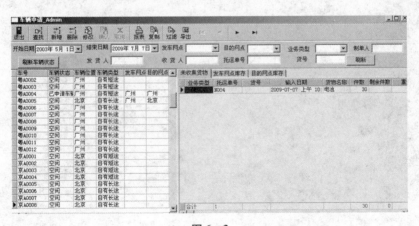

图 6－3

可通过"　单据状态　"按钮点击"　干载　"查看需要申请车辆的托运单具体情况，

见图 6－4。

图 6 - 4

（四）车辆配载

操作流程

①N04 用户选择"运输部——配载员"登录弹出配载员主界面；点击图标" "
回到工作岗位，见图 6 - 5。

图 6 - 5

②选择" "——" 1 配载管理"双击" 3 车辆配载装车"弹出图 6 - 6。

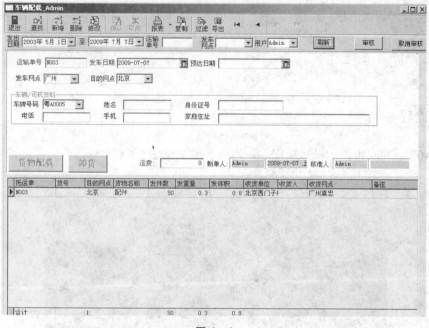

图 6-6

③选择""——"货物配载",弹出图6-7。

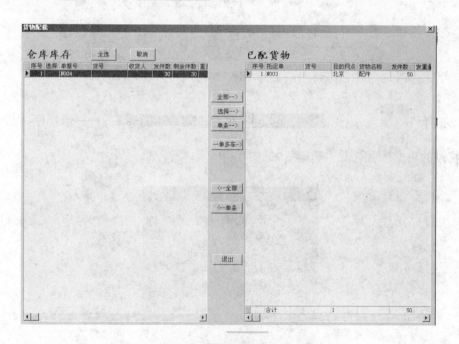

图 6-7

a. 选择要配载的单据号后点击"选择-->"后点击"存盘退出"退出货物配载窗口。

b. 配载好货物信息后点击"⬛确认",点击"审核",继续处理下一张单据。

（五）收货及送货

操作流程

①N05 、N06 用户选择运输部——司机登录,见图 6 - 8。

图 6 - 8

②选择"⬛"——"1 司机运输"双击"4 干线运输"——选择刚才已经配

载审核过的单据号后点击"确定",见图 6 - 9。

图 6 - 9

③弹出提示"                                         "。

④点击"        "关闭提示。

⑤点击"    "查看城北停车场位置，跑到该停车场找到系统分配车辆，见图

6 – 10、图 6 – 11。

图 6 – 10

图 6 – 11

⑥走到车辆门口旁边点击"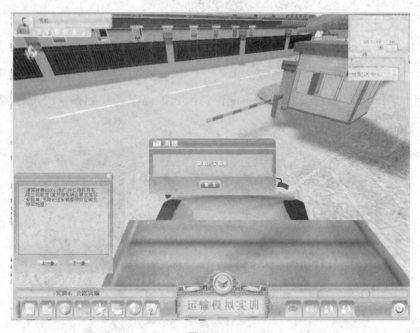"按钮上车把车开出停车场，见图6－12。

图 6－12

⑦在出闸口时会弹出"车辆安检管理"表（见图6－13），点击"修改"，选择相应项后点击"确认"，关闭"车辆安检管理"窗口。

图 6－13

⑧看地图（点击""），把车开到系统提示的指定地点（如广州仁得贸易在地图中的宝龙大厦）进行取货工作，见图 6 – 14。

图 6 – 14

⑨到达大厦门口时点击""图标下车，见图 6 – 15。

图 6 – 15

⑩走到大厦里面的电梯，点击"仁得贸易有限公司"，见图6-16。

图6-16

⑪点击前台文员，弹出图6-17的窗口。

图 6－17

⑫点击 " 取货 "，弹出托运单，见图 6－18。

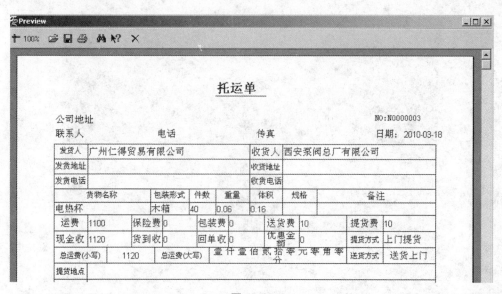

图 6－18

⑬查看托运单内容后关闭，弹出提示见图 6－19。

图 6 – 19

⑭点击""图标，见图 6 – 20。

图 6 – 20

⑮走到电梯门口，下楼，弹出图6-21的窗口后点击"广州运输帝国城市"选项。

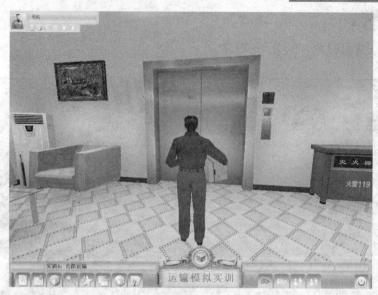

图6-21

⑯司机下楼走到车门口点击" 🚶 "图标放货。点击" 🚗 "上车，根据地图开

南宁运输帝国城市
西安运输帝国城市
成都运输帝国城市

往高速出口，在出口处弹出 　　　　　　　 ，见图6-22。

图6-22

⑰点击目的地"西安运输帝国城市",到达所在城市后找到要送货的具体地址,开车前往。"█ 操作日志"可以查看。

⑱到达送货目的地,见图6-23。

图6-23

⑲把车开进目的地工厂,把车停在收货区,见图6-24。

图6-24

⑳弹出提示界面，见图6－25。

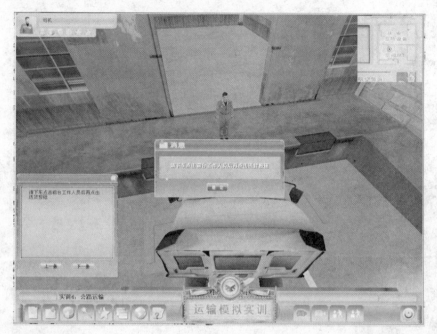

图 6－25

㉑点击"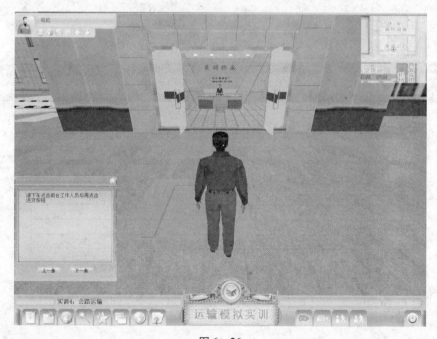"司机下车，进公司办公室，见图6－26。

图 6－26

㉒点击工作人员后弹出图 6－27。

图 6－27

㉓点击" 送货 "，弹出托运单内容，见图 6－28。

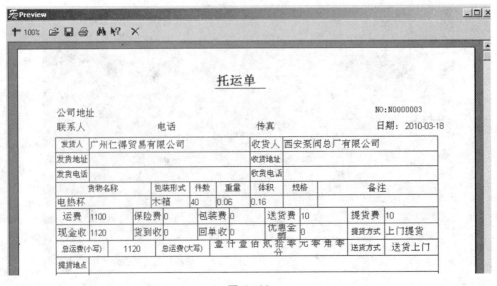

图 6－28

㉔关闭托运单，弹出图6-29。

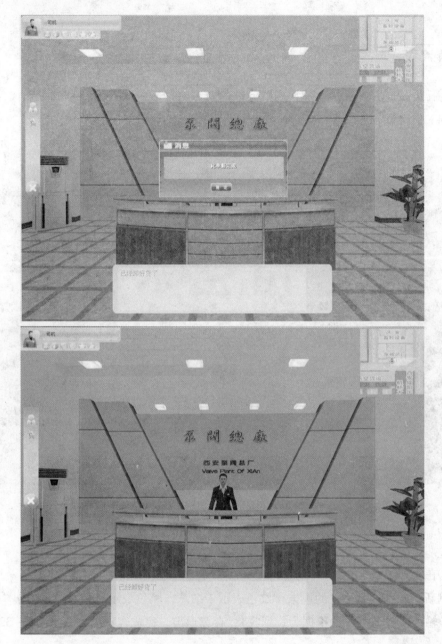

图6-29

㉕此张单据完成。继续处理下一张单据。

（六）客户自提货

业务主管 N02 用户参考实训5 的（十一）完成。

（七）运输成本核算

**操作流程**

①托运完成后 N01 用户切换到财务部的财务会计登录，点击"回到工作岗位"按钮回到工作岗位，见图 6 – 30。

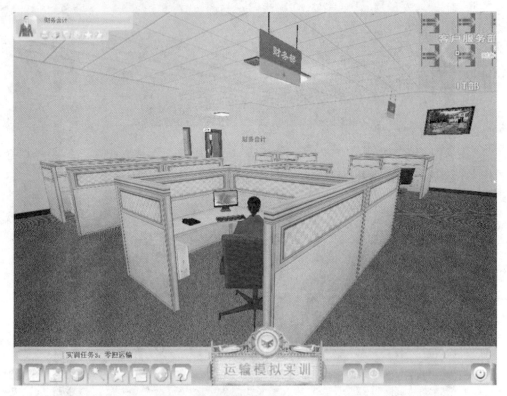

图 6 – 30

②在实训中心打开财务管理的客户结算，弹出"客户结算"窗口，见图 6 – 31。点击"刷新"按钮找到刚才的单据（红色表示未结算，黑色表示已结算），点击"修改"按钮，输入应收金额（此单据为货到收），存盘退出，完成客户结算，见图 6 – 32。

图 6 – 31

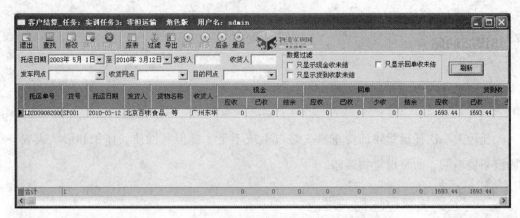

图 6 - 32

## 五、实训思考题

①公路运输时如何使运输线路最优化?

②为什么要进行车辆安检?

## 六、实训总结

实训结束后,学生对模拟操作进行总结,编写实训报告。

实训报告包括如下内容:

①实训题目;

②实训的目的和要求;

③实训步骤;

④实训结论;

⑤本次实训所扮演的角色及取得的主要收获和体会;

⑥每个同学都要在自己的电脑上运行出模拟的结果,并存盘,供教师考核。

## 七、实训考核

**实训考核表**

班级　　　　　　　　　　　姓名

| 序号 | 考核标准 | 满分 | 得分 |
|------|----------|------|------|
| 1 | 送货时间最短且成本最低 | 50 | |
| 2 | 配送时运输路线最短 | 50 | |
| | 总分 | 100 | |

**知识加油站**

## 一、运输形式：整车货物运输

托运人一次托运货物计费重量 3 吨以上或不足 3 吨但其性质、体积和形状需要一辆汽车运输的，为整批货物运输。

## 二、公路货物运输相关术语

承运人：是指使用汽车从事货物运输并与托运人订立货物运输合同的经营者。

托运人：是指与承运人订立货物运输合同的单位和个人。

收货人：是指货物运输合同中托运人指定提取货物的单位和个人。

货物运输代办人（以下简称货运代办人）：是指以自己的名义承揽货物并分别与托运人、承运人订立货物运输合同的经营者。

站场经营人：是指在站、场范围内从事货物运输、堆存、包装和搬运装卸等业务的经营者。

运输期限：是由承托双方共同约定的货物起运、到达目的地的具体时间。

承运责任期间：是指承运人自接受货物起至将货物交付收货人（包括按照国家有关规定移交给有关部门）止，货物处于承运人掌管之下的全部时间。

搬运装卸：是指货物运输起讫两端利用人力或机械将货物装上、卸下车辆，并搬运到一定位置的作业。

## 三、运输线路及运输里程确定

1. 里程单位

货物运输计费里程以千米为单位，尾数不足 1 千米的，进整为 1 千米。

2. 里程确定

①货物运输的营运里程，按交通部和各省、自治区、直辖市交通行政主管部门核定、颁发的《营运里程图》执行。

②货物运输的计费里程：按装货地点至卸货地点的实际载货的营运里程计算。

③因自然灾害造成道路中断，车辆需绕道行驶的，按实际行驶里程计算。

④城市市区里程按当地交通主管部门确定的市区平均营运里程计算；当地交通主管部门未确定的，由承托双方协商确定。

### 四、确定货物运输运费

货物运输的计费里程和货物的运杂费由货物受理人员在审核货物托运单的内容后认定。汽车运价的类别主要包括以下几类。

①基本运价。根据道路货物运输的运营形式不同，道路货物运输分为整批运输、零担运输和集装箱运输，其基本运价各不相同。

②特种货物运价。

③特种车辆运价。特种车辆运价按车辆的不同用途，在基本运价的基础上加成计算。特种车辆运价和特种货物运价两个价目不准同时加成使用。

④非等级公路货物运价。非等级公路货物运价在整批（零担）货物基本运价的基础上加成 10%~20%。

⑤快速货物运价。按计价类别在相应运价的基础上加成计算。

⑥集装箱运价。

⑦出入境汽车货物运价。

⑧差别运价。

除以上几种外，汽车运价中还包括包车运价、区域运价以及其他收费标准。

运费计算公式如下：

①整批货物运费：吨次数×计费重量＋整批货物运价×计费重量×计费里程＋货物运输其他费用。

②零担货物运费：计费重量×计费里程×零担货物运价＋货物运输其他费用。

③包车费用＝包车时间×元/吨位小时。

④专线货物运输运费。

在各地的专线运输中，由于计费里程是固定的，所以，运价单位是元/吨。如上海到北京的零担货物运价是 500 元/吨。运费的计算公式为：运费＝（货物计费重量×运价率）＋（货物计费重量×运价率×加成率）。

### 五、车辆调度

调度命令是指在按规定进行某些行车作业时，向行车值班员、列车司机发布的一种命令。它具有严肃性、授权性和强制性。调度命令只能由值班行车调度员发布，且必须一事一令，先拟后发。

送交司机的调度命令必须由以下七个方面的要素组成，分别是：

①调度命令号码；②调度命令发布的时间；③受令处所；④调度员姓名；⑤调度命令内容；⑥受令车站行车专用章；⑦受令行车值班员签名（盖章）。

附单:

**物流有限公司内部调车单**

| 司机信息 | | | |
|---|---|---|---|
| 姓名 | | 年龄 | |
| 籍贯 | | 以往信誉 | |
| 性别 | | 身份证号码 | |
| 联系方式 | | | |
| 车辆信息 | | | |
| 载重 | | 车长 | |
| 车型 | | 车牌号 | |

此次承运从_____起,至_____,托运单单号为_____。

提货时间:_____

提货地点:_____

调度员签名_____客户代表签名_____

**调度命令登记簿**

| 月日 | 发出时刻 | 命令 | | | 复诵人姓名 | 接受命令人姓名 | 调度员姓名 | 阅读时刻（签名） |
|---|---|---|---|---|---|---|---|---|
| | | 号码 | 受令及抄知处所 | 内容 | | | | |
| | | | | | | | | |
| | | | | | | | | |
| | | | | | | | | |
| | | | | | | | | |
| | | | | | | | | |
| | | | | | | | | |
| | | | | | | | | |

## 六、验货装车

### （一）验货

①运单上的货物是否已处于待运状态。

②装运的货物数量、发运日期有无变更。

③货物的包装是否符合运输要求。

④装卸场地的机械设备、通行能力是否完好。

## （二）货物的监装

在车辆到达厂家出货地点后，司乘人员和接货人员会同出货负责人一起根据出货清单，对货物包装、数量和重量等进行清点和核实，核对无误后进行装车环节服务。

附单：

**交运物品清单**

起运地点：　　　　　　　　　　　　　　　　运单号码：

| 编号 | 货物名称及规格 | 包装形式 | 件数 | 新旧程度 | 体积长×宽×高 | 重量/kg | 保险、保价价格 |
|---|---|---|---|---|---|---|---|
|  |  |  |  |  |  |  |  |
|  |  |  |  |  |  |  |  |
|  |  |  |  |  |  |  |  |
|  |  |  |  |  |  |  |  |
|  |  |  |  |  |  |  |  |
|  |  |  |  |  |  |  |  |

托运人签章：　　　　　承运人签章：　　　　　　　　　年　月　日

# 七、在途跟踪

客服部司机要即时反馈途中信息、车辆停靠地点及运行情况。填写跟踪记录，如工作单。

附单：

**物流有限公司货物跟踪记录表**

| 序列 | 托运方 | 托运方联系人及电话 | 收货方 | 收货方联系人及电话 | 到货日期 | 货物名称 | 跟踪情况 | 处理方法 | 经办人 |
|---|---|---|---|---|---|---|---|---|---|
| 1 |  |  |  |  |  |  |  |  |  |
| 2 |  |  |  |  |  |  |  |  |  |
| 3 |  |  |  |  |  |  |  |  |  |
| 4 |  |  |  |  |  |  |  |  |  |

## 八、到货签收及回单

### (一) 到货交付注意事项

①物流公司客户代表提前与收货人确认收货时间及地点。例如，若送货地点在白天时间禁止大型货车通行市区，则要与收货人沟通改为晚上送货。

②车辆到达目的地后，物流公司客户代表与收货方根据托运单交接货物。

③清点无误后，收货人签字确认。

④物流公司客户代表将签收后的托运单交于本公司单证部，将回单送至客户处。

### (二) 到货交付

①清点监卸。

②检查货票是否相符。

③收货人开具作业证明，签收。

④发现货物缺失，作记录，开具证明。

⑤处理货运事故。

### (三) 整车货物交付要求

货物的交接是公路运输合同的履行过程，在此过程中，运输部门应遵守如下要求，以确保货物的及时、安全运输。

①在车辆到达发货地点，发货人交付货物时，驾驶员应负责点数、监装，发现包装破损、异状，应提出更换或重新整理的异议。如发货人给予更换或整理，则应在发货票上说明，并要在货物运单上签字。

②在承运货物时，要有发货人开具的与实物相符的发货票及随车移转的文件、单据。发货票与实物不符时要立即予以纠正。

③货物运抵目的地时，驾驶员应向收货人交清货物，由收货人开具作业证明（或以发货票代替）。收货人应在货物运单上签字并加盖收货单位公章。

④交货时，如发现货物短缺、丢失、损坏等情况，驾驶员应会同收货人和有关部门认真核实，并做出原始记录，分别由驾驶员或装卸人员开具证明文件。

⑤货物运达承、托双方约定的地点后，收货人应凭有效单证提（收）货物，无故拒提（收）货物，应赔偿承运人由此造成的损失。

⑥货物交付时，承运人与收货人应当做好交接工作，发现货损货差，由承运人与收货人共同编制货运事故记录，交接双方在货运事故记录上，签字确认。

⑦货物交接时，承托双方对货物的重量和内容有质疑，均可提出查验与复磅，查验和复磅的费用由责任方负担。

## 九、运费结算

单证部整理托运回单送到财务部，财务部开具发票，然后向托运人收取运费。

### （一）运输费用计算

一般情况下，运杂费可按如下作业程序计算：

1. 根据托运单和运输线路，确定计费里程

同一运输区间有两条以上营运线路可供行驶时，应选择最经济合理的线路为计费里程。如因自然灾害、路阻和因货物性质需要绕道行驶时，应以实际行驶里程为计费里程。

2. 确定货物类别及相应运价

整车运输的运价以元/吨公里为单位。根据货物的等级、货物运输距离的长短、货物的普通与特殊等情况，按主管部门规定费率计算。

3. 确定货物的计费重量

货物的计费重量以吨为单位，零担货物以公斤为单位，普通货物计费重量按实际计费重量计（含包装），轻浮货物按体积折算重量计算。

4. 计算运费

运费 = 计费重量 × 计费里程 × 费率

5. 根据具体情况确定杂费

6. 累计运费与杂费，确定运杂费

运杂费 = 运费 + 杂费

### （二）收款技巧十二策

①新客户或没有把握的老客户，无论是代销或赊销，交易的金额都不宜过大。宁可自己多跑几趟路，多结几次账，多磨几次嘴皮，也不能图方便省事，把大批货物交给对方代销或赊销。须知欠款越多越难收回，这一点非常重要。

很多销售人员都有这样的经验：有些新客户，一开口就要大量进货，并且不问质量，不问价格，不提任何附加条件，对卖方提出的所有要求都满口应承，这样的客户风险最大。

②货、款无归的风险有时是由推销人员造成的。有些推销人员唯恐产品卖不出去（特别是在市场上处于弱势的产品），因此在对客户信用状况没有把握的情况下，就采

用代销或赊销方式，结果给企业造成重大损失。

为避免发生这种情况，可以在企业与销售人员之间实行"买卖制"，即企业按照100%的回款标准向销售人员收取货款，客户的货款由销售人员负责收取的这种办法，把货、款无归的风险责任落实到销售人员身上，销售人员在向有一定风险的客户供货时就会三思而后行。一旦发生货、款不能回收的情况，也会千方百计、竭尽全力去追讨，否则将直接损害其自身经济利益。这是最能调动销售人员责任心和工作积极性的办法，比上级主管人员的催促督导要有效、简单得多。

③一些销售人员在催款中会表现出某种程度的怯弱，这里一个很重要的问题是必须要有坚定的信念。

一个人在催收货款时，若能信心满怀，遇事有主见，往往能出奇制胜，把本来已经没有希望的欠款追回；反之，则会被对方牵着鼻子走，本来能够收回的货款也有可能收不回来。因此，催款人员的精神状态是非常重要的。

还有的收款人员认为催收太紧会使对方不愉快，影响以后的交易。如果这样认为，你不但永远收不到货款，而且也保不住以后的交易。客户所欠货款越多，支付越困难，越容易转向他方（第三方）购买，你就越不能稳住这一客户，所以还是加紧催收才是上策。

④为预防客户拖欠货款，在交易当时就要规定清楚交易条件，尤其是对收款日期要作没有任何弹性的规定。例如，有的代销合同或收据上写着"售完后付款"，只要客户还有一件货物没有卖完，他就可以名正言顺地不付货款；还有的合同或收据上写着"10月以后付款"，这样的规定今后也容易扯皮。

另外，交易条件不能由双方口头约定，必须使用书面形式（合同、契约、收据等），并加盖客户单位的合同专用章。有些客户在合同或收据上仅盖上经手人的私章，几个月或半年之后再去结账时，对方有可能说，这个人早就走了，他签的合同不能代表我们单位；有的甚至会说我们单位根本没有这个人。如果加盖的是单位的合同专用章，无论经手人在与不在，对方都无法推脱或抵赖。

⑤交易达成之后，要经常观察客户的经营状况，及时察觉其异动。如果客户出现异常的变化，一般事先会有一些征兆出现，如进货额突然减少、处理并不滞销的库存商品、拖延付款、客户单位的员工辞职者突然增多、老板插手毫不相干的事业或整天沉溺于声色之中等。还有些外部环境的变化也要及时察觉，如客户附近的房子上用红漆写下了"拆迁"字样，说明客户商店近期内就要关门拆迁。如果发现这些情况，要立刻结账，防止客户不知去向。

⑥对于支付货款不干脆的客户，如果只是在合同规定的收款日期前往，一般情况下收不到货款，必须在事前就催收。

事前上门催收时要确认对方所欠金额，并告诉他下次收款日一定准时前来，请他事先准备好这些款项。这样做，一定比收款日当天来催讨要有效得多。

如果客户太多，距离又远，可事先通过电话催收，确认对方所欠金额，并告知收款日前来的准确时间。或者把催款单邮寄给对方，请他签字确认后再寄回。

⑦到了合同规定的收款日，上门的时间一定要提早，这是收款的一个诀窍。否则客户有时还会反咬一口，说我等了你好久，你没来，我要去做其他更要紧的事，你就无话好说。

登门催款时，不要看到客户处有另外的客人就走开，一定要说明来意，专门在旁边等候，这本身就是一种很有效的催款方式。因为客户不希望他的客人看到债主登门，这样做会搞砸他别的生意，或者在亲朋好友面前没有面子。在这种情况下，只要所欠不多，一般会赶快还款，打发你了事。

收款人员在旁边等候的时候，还可听听客户与其客人交谈的内容，并观察对方内部的情况，也可找机会从对方员工口中了解对方现状到底如何，说不定你会有所收获。

⑧对于付款情况不佳的客户，一碰面不必跟他寒暄太久，应直截了当地告诉他你来的目的就是专程收款。如果收款人员吞吞吐吐、羞羞答答的，反而会使对方在精神上处于主动地位，在时间上做好如何对付你的思想准备。

一般来说，欠款的客户也知道这是不应该的，他们一面感到欠债的内疚，一面又找出各种理由要求延期还款。一开始就认为延期还款是理所当然的，这种客户结清这笔货款后，最好不要再跟他来往。

⑨如果客户一见面就开始讨好你，或请你稍等一下，他马上去某处取钱还你（对方说去某处取钱，这个钱十有八九是取不回来的，并且对方还会有"最充分"的理由），这时，一定要揭穿对方的"把戏"，根据当时的具体情况，采取实质性的措施，迫其还款。

⑩如果只收到一部分货款，与约定有出入时，你要马上提出纠正，而不要等待对方说明。

另外，要注意在收款完毕后再谈新的生意。这样，生意谈起来也就比较顺利。

⑪如果你的运气好，在一个付款情况不好的客户处出乎意料地收到很多货款时，就要及早离开，以免他觉得心疼，并告诉他××产品现在正是进货的好机会，再过10天就要涨价若干元，请速做决定以免失去机会等，还要告诉他与自己联系的时间和方法，再度谢谢他之后，马上就走。

⑫如果经过多次催讨，对方还是拖拖拉拉不肯还款，一定要表现出相当的缠劲功夫，或者在侦知对方手头有现金时，或对方账户上刚好进一笔款项时，就即刻赶去，逮个正着。

# 实训 7　货物配载配装

## 一、相关知识

货物配载的基本要求，货物配装的基本要求，货物的基本特性。

## 二、实训目标

能够根据货物的数量和客户要求安排合适的车辆；能够正确安排货物的装车顺序和位置。

## 三、实训设计

### 1. 配载

根据下列货物选择合适的车辆，以下货物由天津发往北京，装货清单如下：

①某大型展览会托运的油画作品一件，带木制包装，规格：320cm×35cm×200cm，重量：150kg，送货上门。

②花露水 25 箱，带托盘，托盘规格 1200mm×1000mm，重量 200kg，客户自提。

③油漆 50 桶，规格：$\phi$ 30cm×h50cm，北京公司仓库代存，重量 2000kg。

④蔬菜大棚用塑料薄膜 20 卷，无包装，总重量 2500kg，规格 $\phi$ 30cm×h250cm，送货上门。

⑤公司某员工捎带的生活用具包裹：棉被一床，军大衣一件，鞋两双，总重 20kg。

⑥化工原料 1000 桶，总重量 10 吨，体积 60 立方米。

公司可调度车辆：4.2 米厢车，7.2 米厢车，12.5 米厢车，均为解放牌。

### 2. 配装

请学生根据配载情况和客户要求说明装车的顺序和位置

## 四、实训说明

本项工作由分理部根据站务操作转来的装货清单完成。可以等比例缩小货物制作模型，车辆模型只制作车厢即可。车辆的技术参数学生应自主完成查阅。教师在实训中可以随机变换货物。

## 五、实训考核

配载车型选择准确；配装顺序和位置符合要求。

**实训考核表**

班级 姓名

| 序号 | 考核标准 | 满分 | 得分 |
|------|----------|------|------|
| 1 | 车型选择正确 | 50 | |
| 2 | 配装说明正确流畅 | 50 | |
| | 总分 | 100 | |

## 六、实训总结

教师对于配载和配装的要求要予以总结，各种车辆的性能和技术参数以及货物的基本特性应予以拓展。

# 实训 8　铁路货物运输

## 一、相关知识

### 1. 概念
是使用铁路列车运送客货的一种运输方式。

### 2. 特点
铁路运输优点是速度快，运输不大受自然条件限制，载运量大，运输成本较低。主要缺点是灵活性差，只能在固定线路上实现运输，需要以其他运输手段配合和衔接。铁路运输经济里程一般在 200 千米以上。

缺点：灵活性不高，发车频率较公路低，近距离运输费用较高。

### 3. 适用性
铁路运输主要承担长距离、大数量的货运，在没有水运条件地区，几乎所有大批量货物都是依靠铁路，是在公路运输中起主力运输作用的运输形式。

## 二、实训目标

①了解铁路运输的优缺点和适用范围。
②知道铁路货物运输作业的流程，掌握各个流程中作业的内容。
③能计算货物运到期限，会填写铁路运单。
④能根据铁路货物运输业务熟练地计算运费。
⑤培养学生良好的职业素质及团队协作精神。

## 三、实训内容

### 1. 实训团队
6 个同学组成一个团队，认真了解实训背景，每个人除了完成下面任务外，还需要完成任务题库的内容（若时间充裕，可以交换角色实训，熟悉完成这个任务中每个角色所做的事情）。请根据分配的角色登录。

举例：团队1成员列表

| 序号 | 学号（举例） | 扮演角色 | 主要任务 | 备注 |
|---|---|---|---|---|
| 1 | N01 | 客服文员 | 电话接单<br>有两种托运单：<br>A. 系统自动录入<br>B. 手动录入 | 队长 |
|  |  | 财务会计 | 成本核算 |  |
| 2 | N02 | 业务主管 | 客户自送单<br>分两种情况：<br>A. 客户自送单<br>B. 目的地网点提货 |  |
| 3 | N03 | 运输经理 | 分单管理 |  |
|  |  | 调度员 | 车辆申请 |  |
| 4 | N04 | 配载员 | 货物配载 |  |
|  |  | 订舱员 | 交接确认 |  |
| 5 | N05 | 司机 | 货物收集 |  |
| 6 | N06 | 司机 | 送货上门 |  |

2. 实训任务

模拟完成从北京到上海的30张铁路运输托运单的：

①铁路交接单的缮制。

②运输车辆的申请、货物的配载。

③货物的案例送达及运费的核算。

④不同角色"任务题库"中的内容。

3. 托运单举例

客户委托信息1：

委托方：北京赛德隆服装服饰有限公司

联系人：李静

联系电话：010－85741125

地址：北京八里桥赛德隆服装服饰有限公司

收货网点：北京八里桥

提货方式：上门提货

保险金额：不买保险

付款方式：回单收

要求到达时间：4 天

收货方：上海奥博莱国际贸易有限公司

联系人：王海

联系电话：1385547×××

送货方式：送货上门

托运单号：TL0000001

## 四、实训指导

### （一）业务接单

N01、N02 用户配合完成业务接单，具体操作步骤参考实训 2。

### （二）分单

**操作流程**

①N03 用户选择运输部——运输经理登录。

②点击实训中心打开分单管理窗口，点击"刷新"按钮，点击修改，选择业务类型：铁路运输后点击确认存盘，点击"审核"按钮进行审核（注：未审核的单据以红色显示，已审核的单据以黑色显示），见图 8－1。

**图 8－1**

### （三）车辆申请

N03 用户切换到调度员角色登录系统，点击"回到工作岗位"按钮，在实训中心中打开车辆申请窗口，新增车辆申请单，单号为系统自动生成，运输类型为"短途运输_货物收集"，地点为"火车站"，见图 8－2。（具体操作步骤参考前几处实训）

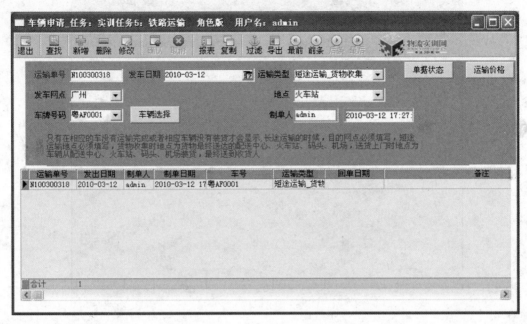

图 8 - 2

## (四) 货物配载

车辆申请成功后，N04 用户选择配载员角色登录系统，点击"回到工作岗位"按钮，在实训中心打开配载管理，双击选择货物收集管理，进行货物配载，见图 8 - 3。

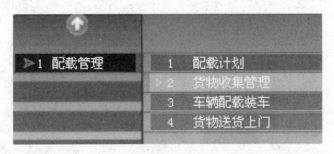

图 8 - 3

打开车辆配载窗口，点击"修改"按钮，点击"货物配载"按钮，打开货物信息进行配载，点击"存盘退出"按钮，见图 8 - 4，返回车辆配载模块，保存后点击"审核"按钮进行审核，见图 8 - 5。

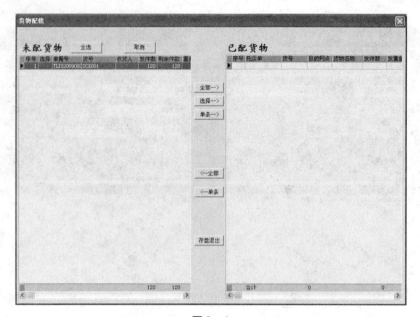

图 8 - 4

货物配载说明：①如果点击"全部"按钮表示将配载所有的货物；②可以在"选择"字段项中打"√"再点击"选择"按钮；③鼠标选中某单据后点击"单条"按钮。

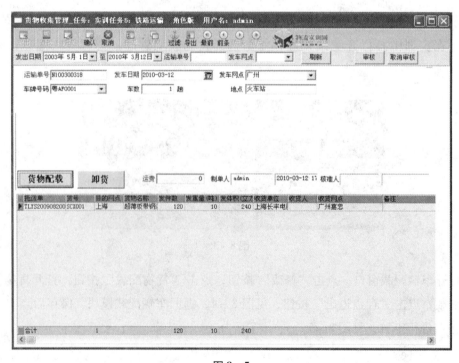

图 8 - 5

### （五）货物收集

**操作流程**

①配载后，N05用户选择司机角色登录系统，在实训中心打开司机运输信息，双击选择货物收集业务，弹出货物收集单据，点击“确定”按钮确定，根据系统提示进行操作，见图8－6。

1 司机运输
1 货物收集
2 零担长途运输单
3 送货上门运输单
4 干线运输

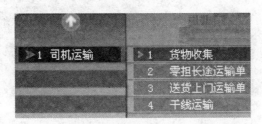

图8－6

②根据系统提示，找到对应的车辆，点击上车按钮，见图8－7。

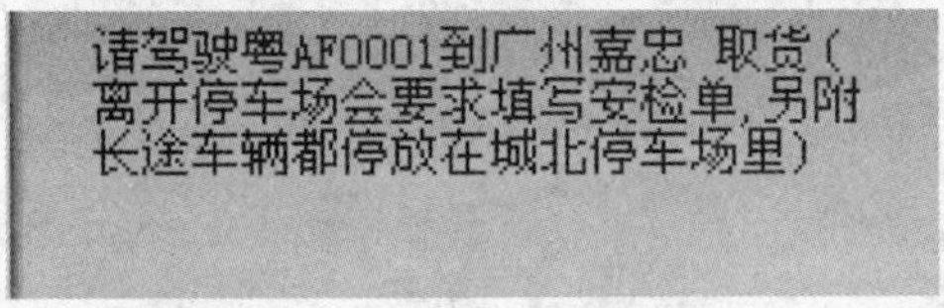
请驾驶粤AF0001到广州嘉忠 取货(
离开停车场会要求填写安检单,另附
长途车辆都停放在城北停车场里)

图8－7

③车辆安检完后，根据提示，到“广州嘉忠货运站”的发货区装货（车停在发货区位置），见图8－8。到达装货点后下车走到网点办公室点击工作人员，见图8－9。再点击左边的取货按钮，取到货物后，将货物送到广州火车站的收货区，见图8－10、图8－11。

发货区
收货区

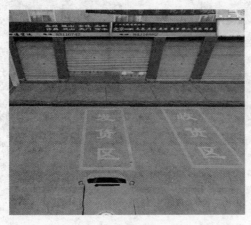

图8－8

图 8 - 9

图 8 - 10

图 8 - 11

④到达火车站收货区后，下车走到网点办公室，点击工作人员，再点击左边的交接按钮进行交接，见图8－12。

图8－12

⑤点击工作人员弹出交接单后，新增交接单，填写发车网点和目的网点，见图8－13，再点击"货物配载"按钮进行货物配载，其操作与配载员的货物配载操作相同，在此不作介绍了。

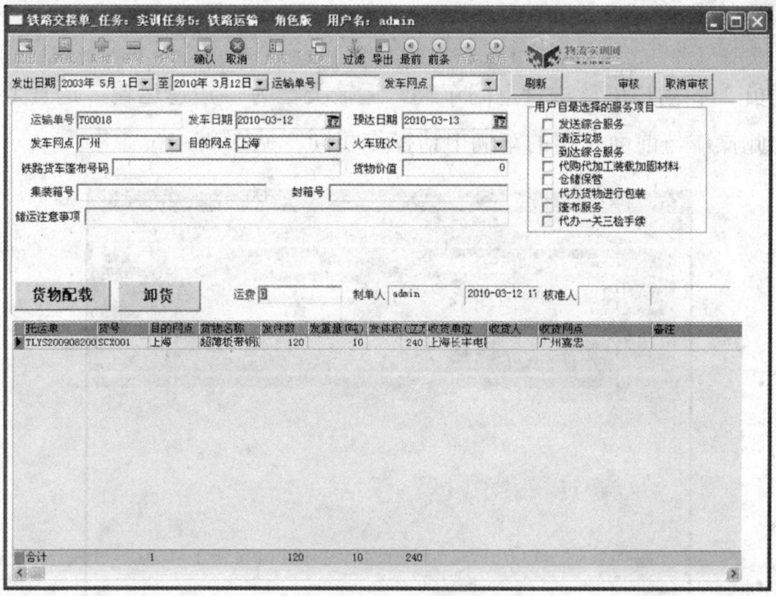

图8－13

— 111 —

（六）交接确认

**操作流程** ✚➤

①交接单做完后 N04 用户切换到订舱员登录做交接确认，回到工作岗位后在实训中心打开交接确认，弹出交接确认窗口，见图 8 - 14。

图 8 - 14

②弹出交接确认窗口后，点击"确认"按钮确认交接（红色表示未确认，黑色表示已确认），见图 8 - 15。

图 8 - 15

（七）送货上门货物

**操作流程** ✚➤

①调度员 N03 用户申请送货上门车辆，运输类型为"短途运输_ 送货上门"，地点为火车站，此操作与前面介绍的车辆申请操作相同，见图 8 - 16。

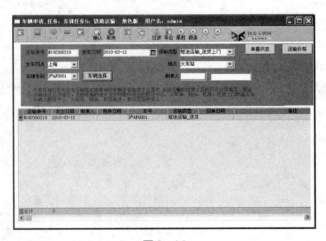

图 8 - 16

②车辆申请后，配载员 N04 用户进行货物配载，请参考前面的货物操作，此操作与前面所介绍的货物配载相同。

③货物配载完毕后，N06 用户选择司机角色登录，在实训中心打开"送货上门运输单"，见图 8 – 17。

图 8 – 17

a. 根据系统提示找到对应的车辆，见图 8 – 18，经过安检后到火车站的发货区装货，见图 8 – 19。

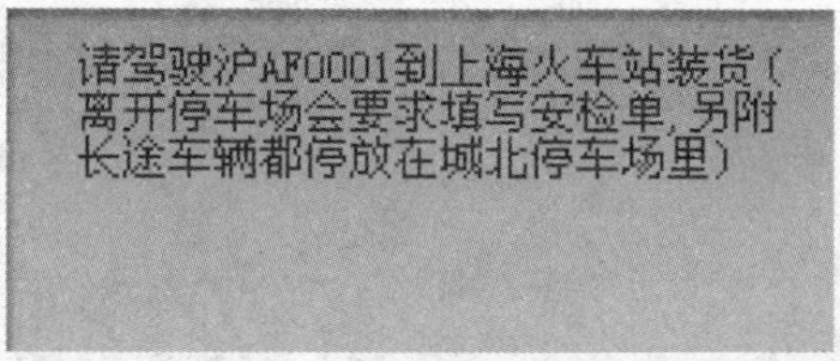

图 8 – 18

图 8 – 19

b. 到达火车站的发货区后，下车走到办公室点击"工作人员"再点击左边的"取货"按钮取货，见图 8 – 20。

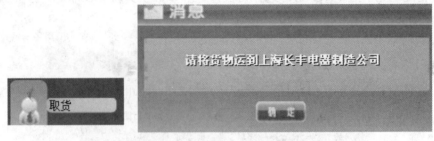

图 8 – 20

c. 取货后根据系统提示将货物送往指定地点的收货区。

d. 到达指定地点收货区后，下车走到办公室点击"工作人员"再点击左边的"送货"按钮送货，见图 8 – 21。

图 8 – 21

## （八）客户自提货物

**操作流程**

①若单据为客户自提时，"运输部——业务主管"N02 用户。

②选择""———▶1 业务管理 双击 ▶2 目的网点客户提货，弹出单据选择窗口，见图8－22。

图8－22

③选择单据后点击"确定"弹出图8－23的界面。

图8－23

④点击"确定"，弹出图8－24。

图8－24

⑤弹出提示，见图 8 – 25。

图 8 – 25

⑥点击确定后点击过来提货的 NPC，见图 8 – 26。

图 8 – 26

⑦弹出提示见图 8 – 27。

图 8 – 27

⑧点击确定后弹出托运单内容，见图8－28。

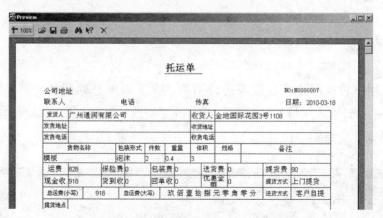

图8－28

⑨关闭托运单内容窗口，弹出提示见图8－29。

图8－29

⑩点击"确定"后系统将自动完成货物的装车，提示见图8－30。

图8－30

（九）收款结算

**操作流程**

①N01 用户切换财务会计登录进行结算，在实训中心打开客户结算窗口，点击"刷新"按钮找到刚才未结算的单据，再点击"修改"按钮，输入结算金额，再存盘完成客户结算，见图 8-31。

图 8-31

②客户结算完成后再打开铁路应付运费结算进行付款结算，见图 8-32，点击"刷新"按钮找到未结算的单据，再点击"修改"按钮输入结算金额完成付款结算，见图 8-33。

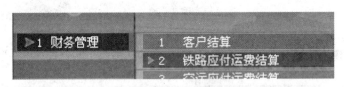

图 8-32

图 8-33

五、实训思考题

①几个单据都是运输到同一个目的地，怎样运输最省钱？
②国际铁路运输应注意哪些问题？

③航空运输、水路运输比较铁路运输的操作流程有哪些相同点和不同点?

## 六、实训总结

实训结束后,学生对模拟操作进行总结,编写实训报告。

实训报告包括如下内容:

①实训题目;

②实训的目的和要求;

③实训步骤;

④实训结论;

⑤本次实验所扮演的角色及取得的主要收获和体会;

⑥每个同学都要在自己的电脑上运行出模拟的结果,并存盘,供教师考核。

## 七、实训考核

**实训考核表**

班级　　　　　　　　　　姓名

| 序号 | 考核标准 | 满分 | 得分 |
|------|----------|------|------|
| 1 | 送货时间最短 | 40 | |
| 2 | 成本最低 | 40 | |
| 3 | 参与程度 | 20 | |
| | 总分 | 100 | |

送货时间、成本最低分析,分值每张订单5分。

**知识加油站**

## 一、铁路运输流程及注意事项

### (一) 铁路货物运输的概念

铁路物流运输是指用铁路线路、火车等专用的铁路运输设备将物品从一个地点向另一个地点运送,包括集货、分配、搬运、中转、装入、卸下、分散等一系列操作。有三个因素对铁路运输来说是十分重要的,即运输成本、速度和一致性。

## （二）公路运输分类

### 1. 整车运输

一批货物的重量、体积、性质或形状需要一辆或一辆以上铁路货车装运（用集装箱装运除外），即属于整车运输，简称为整车。

### 2. 铁路零担运输

一批货物的重量、体积、性质或形状不需要一辆铁路货车装运（用集装箱装运除外），即属于零担运输，简称为零担。

### 3. 铁路集装箱运输

使用集装箱装运货物或运输空集装箱，称为集装箱运输（简称为集装箱）。集装箱适于运输精密、贵重、易损的货物。

### 4. 快运货物运输

凡货物运输期间以每天不低于 500 运价千米的速度来运送货物的运输组织方式，称为快运货物运输。除煤炭、焦炭、矿石等品类外，其他货物都可按快运货物办理。

## （三）铁路托运流程

①运输公司到铁路营业厅服务台索取"铁路货物运输服务订单"（以下简称订单），购买货物运单。按订单格式要求，认真正确填制服务订单，交整车计划窗口申报计划，并及时与计划货运员联系，了解计划审批情况。

订单是托运人和承运人双方关于铁路货物运输的要约和承诺。它主要包括货物运输的时限、发站、到站、托运人、收货人、品名、车种、车数、吨数等以及相关的服务内容。订单取代了传统的要车计划表，使承、托运人双方的权利、义务和责任更加明确，使用更加方便。

附单：

## 铁路货物运输服务订单

| ××铁路局 | 编号： |
|---|---|

| 托运人： | 收货人： |
|---|---|
| 地址： | 地址： |
| 电话：　　　　邮编： | 电话：　　　　邮编： |

| 发站 | 到站（局） | 车种/车数　箱型，箱数 |
|---|---|---|
| 装货地点 | | 卸货地点 |

| 货物品名 | 品名代码 | 货物价值 | 件数 | 货物重量 | 体积 |
|---|---|---|---|---|---|
| | | | | | |

| 要求发站装车期限　　月 | 目前或放列车次　　日期：　月　日 | 付款方式 |
|---|---|---|

供用户自己选择的服务项目（由用户填写，需要的项目打√）

□1. 发送综合服务　　　　□5. 清运垃圾

□2. 到达综合服务　　　　□6. 代购，代加工装载加固材料

□3. 仓储保管　　　　　　□7. 代对货物进行包装

□4. 逢布服务　　　　　　□8. 代办一关三检手续

说明或其他要求事项

承运人报价（包括运费，杂费，服务费）　　　　元，具体项目，金额列后：

| 序号 | 项目名称 | 单位 | 数量 | 收费标准 | 金额（元） | 序号 | 项目名称 | 单位 | 数量 | 收费标准 | 金额（元） |
|---|---|---|---|---|---|---|---|---|---|---|---|
| | | | | | | | | | | | |
| | | | | | | | | | | | |
| | | | | | | | | | | | |
| | | | | | | | | | | | |

| 申请人签章　　　年　月　日 | 承运人签章　　　年　月　日 | 车站指定装车日期及货位 |
|---|---|---|

说明：

1. 涉及承运人与托运人，收货人的责任和权利，按《铁路货物运输规程》办理。

2. 实施货物运输。托运人还应递交货物运单，承运人应按报价收费用，装卸等需发生后确定的费用，应先列出费目，金额按实际发生核收。

3. 用户发现超出国家计委、铁道部、省级物价部门公告的铁路货运价格？收费项目。标准收费的行为和强制服务，强行收费的行为，有权举报。

举报电话：物价部门 021—46038382 铁路部门 021—56383657

②铁路部门在确认能够满足货主运输要求后，批准计划。

托运人按运单格式要求，认真正确填制"货物运单"，加盖单位公章（注：托运人名称与公章名称相符）后交计划货运员；运单其中一份随货同行，一份由托运人交收货人凭此取货。

附单：

**货物运单**

| 货物指定于 月 日入 | ××铁路局 | |
| --- | --- | --- |
| 货位： | 货物运单 | |
| 计划号码或运输号码：托运人→发站→到站→收货人 | 货票第 号 | 承运人/托运人装车 |
| 运到期限 日 | | 承运人/托运人施封 |

| 托运人填写 | | 承运人填写 | |
| --- | --- | --- | --- |
| 发站 到站（局） | 车种车号 | 货车标重 | |
| 到站所属省（市）自治区 | 施封号码 | | |

| 托运人 | 名称 | | | | 经由 | 铁路货车篷布号码 |
| --- | --- | --- | --- | --- | --- | --- |
| | 住址 | | 电话 | | | 集装箱号码 |
| 收货 | 名称 | | 运价里程 | | | |
| | 住址 | | 电话 | | | |

| 货物名称 | 件数 | 包装 | 货物价格 | 托运人确定重量（kg） | 承运人确定重量（kg） | 计费重量 | 运价号 | 运价号 | 运费 |
| --- | --- | --- | --- | --- | --- | --- | --- | --- | --- |
| | | | | | | | | | |
| | | | | | | | | | |
| 合计 | | | | | | | | | |

| 托运人记载事项 | 保险： | 承运人记载事项 | |
| --- | --- | --- | --- |

| 注：本单不作为收货凭证，托运人签约须如见背面，规格 350×185mm | 托运人盖章或签字 年 月 | 到站交付 日期戳 | 发站承运 日期戳 |
| --- | --- | --- | --- |

货物运单（背面）

托运人须知

1. 托货人持本货物运单向铁路托运货物，证明并确认和愿意遵守铁路货物运输的有关规定。

2. 货物运单所记载的货物名称，重量与货物的实际完全相符，托运人对其真实性负责。

3. 货物的内容、品质和价值是托运人提供的，承运人在接收和承运货物时并未全部核对。

4. 托运人应及时将领货凭证寄至收货人，凭以联系到站领取货物。

③办理交货、装车。

a. 装车前的检查，包括清理货场；了解货物；安排装卸；货物清点。

b. 装车前对装车能力进行认可。装卸作业人员应配合货运员检查以下内容：

（a）车门、钩链、槽轮、车窗、车底板是否完好，车内清洁状态及有无异味、异状。装车前，认真检查货车的车体（包括透光检查）、车门、车窗、盖阀是否完整良好，有无扣修通知、色票、货车洗刷回送标签或通行限制，车内是否干净，是否被毒物污染。

（b）货物状态的检查。检查货物有无受潮、玷污和受损等情况，一旦发现问题，及时汇报并填写货运记录单。

（c）机具、防护用品和防护信号安设情况。装卸作业前必须安设带有脱轨器的红色信号。

c. 货物装车。

（a）装车时的要求。装车时由货运员核对车号和货物后，装卸工人才能作业，并要核对件数，做到不错装、不漏装、巧装满载，防止偏重、超重，必要时对易磨损货件采取防磨措施，对怕污染的货物要采取有效隔离措施，棚车装载货件不要挤住车门，长大货物不堵车门，包装不合标准或破损不准装车。

（b）在货场内移动货物的要求。各车站应根据场地和机械性能限定机械在货场内的行驶速度（一般情况货场内不超过15km/h、站台上不超过10km/h）。各种机械横过铁路道口应有专人看守，要一慢二看三通过。禁止在车底下钻过或从车钩上翻越，严禁在钢轨上坐卧休息。

（c）装载货物的要求，包括货物装载与加固的基本要求、货物装载的宽度与高度的要求、装载货物的重量的要求、使用平车沙石车的装载要求、货车装载宽度的要求、装载成件包装货物的要求、货物重心的要求、作业中的要求、发现货物包装破损时的要求。

d. 装车后的检查。

（a）认真检查车门、车窗、盖、阀关闭状态和装载加固情况。

货物装载加固的基本要求是使货物均衡、稳定、合理地分布在车地板上，不超载、偏载，不集重、偏重；能够经受正常调车作业以及列车运行中所产生各种力的作用，在运输全过程中，不发生移动、滚动、倾覆、倒塌或坠落等情况。

（b）按规定填制货车装载清单。

（c）需要施封的货车，按规定施封，并用直径3.2mm（10号）铁线将车门门鼻拧紧。需要插放货车标识牌的货车，应按规定插放。

（d）对装载货物的敞车，要检查车门插销、底开门搭扣和篷布苫盖、捆绑情况。

e. 施封。

为了保证货物运输安全和完整，便于交接和责任的划分，在棚车、保温车、罐车和集装箱装完货物后，用施封锁、施封环或铅质封饼等施封专用物品，对车（门）或罐车的注、排油口进行封缄的过程。施封具有法律约束力和一定的技术要求，必须按规定办理。

（a）施封锁。施封锁分为 FS 型施封锁和 FSP 型施封锁，用于棚车、冷藏车的施封。

（b）施封环。施封环由"环盒"和"环带"两部分组成。

（c）铅质封饼。铅质封饼为杏核形，铅质封饼的直径为 15mm，厚 5mm，在圆周的一侧有直径为 3mm 的圆孔两个，两孔间距为 2mm。

（d）施封作业。发运货物在使用棚车、冷藏车、罐车和集装箱进行运输时，要按规定施封。

f. 敞车篷布苫盖。

（a）苫盖前的检查。

检查篷布质量是否完好，有无破洞、霉烂，是否具有防水性能；腰绳、边绳是否齐全；自备篷布是否有标记。

（b）苫盖作业的要求。

先把折叠好的篷布放到货物顶部中心的货物上面，然后向前后左右铺开，覆盖严密，整个上部不能积水，顶部要中高边低，呈屋脊型，并打好两端包角。装载不足时需使用篷布支架。货车的车号、车牌、标识牌、拉手、踏脚、手闸都要露在篷布外边。

（c）苫盖完毕，登记有关内容。

在使用铁路篷布时，应将篷布号码、块数填记在铁路货物运单和发货单位内部的有关单、账上；在使用自备篷布时，应在铁路货物运单"托运人记载事项"栏标明"自备篷布"字样，在"铁路货车篷布号码"栏画"⑧"记号，在内部单账上填记篷布的号码和块数。

（d）交付运输费用。

装车完毕，托运人结算运输费用。

托运人填写"领货凭证"，领货凭证各栏（包括印章加盖与签字）应与运单相应各栏记载内容保持一致。

车站货运室根据装车后送来的货物运单，填制"货票"，它是一种具有财务性质的货运费票据，制好货票后，货运室在领货凭证、货票和货物运单上加盖发站承运日期戳，然后，将领货凭证、货票丙联（报销用）连同货物运单（其中一份）一起交给托运人。托运人将领货凭证和货物运单寄交收货人。浮层显示，具体见铁路单据。

附单：

**领货凭证**

<table>
<tr><td colspan="2">领货凭证<br>车种及车号<br>货票第　号<br>运到期限　　日</td><td rowspan="6" style="vertical-align:top">领货凭证（背面）<br>收货人领货须知<br>1. 收货人接到托运人寄交的领货凭证后，应及时与到站联系，领取货物。<br>2. 收货人领取货物的时间超过免费暂存期限时，应按规定支付货物暂存费。<br>3. 收货人在到站领取货物，遇货物未到时，应要求到站在车证背面加盖车站戳证明货物来到。</td></tr>
<tr><td>发站</td><td></td></tr>
<tr><td>到站</td><td></td></tr>
<tr><td>托运人</td><td></td></tr>
<tr><td>收货人</td><td></td></tr>
<tr><td>货物名称</td><td>件数　重量</td></tr>
<tr><td></td><td></td><td rowspan="3"></td></tr>
<tr><td></td><td></td></tr>
<tr><td></td><td></td></tr>
<tr><td colspan="2">托运人盖章或签字<br>发站承运日期<br>注：收货人领货</td><td></td></tr>
<tr><td colspan="2">须知见背面</td><td></td></tr>
</table>

**铁路局货票**

计划号码或运输号码　　　　　　　　　　　　　　　　　　　　　　丙联

货物运到期限　　日　　　承运凭证：发站→托运人报销用　　　　A00001

| 发站 | | 到站（局） | 车种车号 | | 货车标重 | 承运人/托运人　装车 | |
|---|---|---|---|---|---|---|---|
| 托运人 | 名称 | | 施封号码 | | | 承运人/托运人　施封 | |
| | 住址 | 电话 | 铁路货车篷布号码 | | | | |
| 收货人 | 名称 | | 集装箱号码 | | | | |
| | 住址 | 电话 | 经由 | | 运价里程 | | |

| 货物名称 | 件数 | 包装 | 货物重量（kg） | 计费重量 | 运价号 | 运价率 | 现付 | |
|---|---|---|---|---|---|---|---|---|
| | | | 托运人确定 | 承运人确定 | | | 费别 运费 | 金额 |
| | | | | | | | 装费 | |
| | | | | | | | 取送车费 | |
| | | | | | | | 过秤费 | |
| 合计 | | | | | | | | |
| 记事 | | | | | | | 合计 | |

发站承运日期戳

经办人盖章

④将领货凭证递交收货人，到达交付。

a. 货物到达查询。

托运人在将货物托运后，将"领货凭证"寄交收货人。收货人接到"领货凭证"后，及时向到站联系货物的到达情况。

b. 到货领取。

领取货物必须凭"领货凭证"和相关证件到货运室办理货物领取手续。收货人为个人的，还应有本人证件（户口簿或身份证）；收货人为单位的，应有单位出具所领货物和领货人姓名的证明文件及领货人本人身份证。

c. 免费保管期。

到达铁路车站的货物，可以在铁路车站免费存放 24h。

d. 无主货的处理。

无主货是指从承运人发出催领通知次日起（不能实行催领通知时，从卸车完了的次日起），经过查找，满 30 日（搬家货物满 60 日）仍无人领取的货物或者收货人拒领的货物，托运人又未按规定期限提出处理意见的货物，可按附录 L"关于港口、车站无法交付货物的处理办法"的有关规定处理。

e. 整车货物的交接。

（a）卸车前的检查。

铅饼施封失效条件。

施封的货车，到站在接收和拆封时，应进行核对检查。当发生货运事故时，将封饼与有关的货运单据一并保存，供判明责任参考。

卸车单位在拆封前，应根据货物运单或货车装载清单、货运票据封套记载的施封号码与施封环号码核对，并检查施封是否有效。

发现施封锁有下列情况之一，即按失效处理。

（b）受货人到站交接货物。

施封的货车，凭封印交接。

不施封的货车、棚车和冷藏车凭车门窗关闭状态交接，敞车、平车、沙石车不苫盖篷布的，凭货物装载状态或规定标记交接，苫盖篷布的凭篷布现状交接。

## 二、铁路货运的注意事项

①铁路货运种类分为整车、零担和集装箱。一批货物的重量、体积或形状需要一辆以上火车运输应按整车托运；不够整车运输条件的，按零担托运；符合集装箱运输条件的可以按集装箱托运。按零担托运的货物，一件体积最小不得小于 0.02 立方米（一件重量在 10 公斤以上的除外），每批不得超过 300 件。

②铁路货运按一批托运的货物，必须托运人、收货人、发站、到站和装卸地点相同（整车分卸货物除外）。整车货物每车为一批。跨装、爬装及使用游车的货物，每一车组为一批。零担货物或使用集装箱运输的货物，以每张货物运单为一批。使用集装箱运输的货物，每批必须是同一箱型，至少一箱，最多不得超过铁路一辆货车所能装运的箱数。

③托运人或收货人的代表人或委托的代理人办理货物的托运，领取、变更或履行其他权利和义务时，应向车站提出委托书或证明委托的介绍信。

④托运任意铁路运输货物，应与承运人签订货物合同。

⑤车站根据批准的要车计划和进货计划受理货物。对于抢险救灾物资，直接用于农业生产的物资，鲜活货物，文艺演出用品，搬家货物以及其他需要急运的物资，应优先运输。随来随收业务还包括零担。

⑥托运人向承运人交运货物，应向车站按批提出货物运单一份。托运人按一批托运的货物品名过多，不能在运单内逐一填记或托运搬家货物以及同一包装内有两种以上货物，须提出物品清单一式三份。托运人对其在货物运单和物品清单内所填记事项的真实性应负完全责任，匿报、错报货物品名、重量时还应按照规定支付违约金。

⑦托运易腐货物，"短寿命"放射性货物时，应记明货物的允许运输期限。允许运输期限至少须大于货物运到期限三天。

⑧托运人托运货物，应根据货物的性质、重量、运输种类、运输距离、气候以及货车装载等条件，使用符合运输要求、便于装卸和保证货物安全的运输包装。对没有统一规定包装标准的，车站应会同托运人研究制定货物运输包装暂行标准，共同执行。

⑨托运人托运零担货物，应在每件货物上标明清晰明显的标记（货签）。托运行李，搬家货物除使用布质、木质、金属等坚韧材料的货签或书写标记外，应在包装内部放置标记（货签）。

⑩铁路货运按件数和重量承运。

⑪铁路货运费用，按照《铁路货物运价规则》的规定计算。托运人应在发站承运货物当日支付费用。托运人或收货人迟交运输费用时，应向承运人支付规定的运杂费迟交金。

## 三、送货途中三注意

### 1. 识假钞，忌大意

由于一些客户没有使用电子结算，所以收取现金对于送货员来说是很平常的事。不少送货员都有过收取假钞的经历。

从假钞的来源来看，现在主要来自农村，尤其是偏远山区。因为这些地方的零售客户大部分未办理电子结算业务，而他们对假钞的鉴别能力稍差些，店里一般也没有验钞机，在经营中收到假钞的概率比较高。新送货员或者刚调整片区的送货员收到假钞的概率比较大，因为他们与客户的沟通较少，对片区的情况不是很熟悉，在送货时需要注意的事项较多，难以兼顾，一不留神就会收到假钞。

为了避免收到假钞，送货员除了要尽快掌握辨别假钞的本领外，还要在思想上给予充分重视。在收取现金时要做到认真细心，不放过任何一张可疑的纸币。同时，要多与客户进行沟通，建立良好的感情基础，获得客户的理解和支持。

2. 避险情，防伤害

在送货途中，由于车门突然打开而引发的碰撞事故时有发生。因此，送货人员在开车门前，应先观察一下车辆周围的情况，再慢慢打开车门。

碰到雨雪天气，尤其是路面泥泞、结冰时，要慢行。如果路面情况影响送货车行驶，送货人员在步行送货的过程中，一是要注意适当放慢速度，二是要注意穿防滑的鞋子。

此外，要避免发生"碰头"的情况。个别客户的经营场所面积狭小，有的房门比较矮，大个子的送货员要注意观察客户商店的情况，进门时要低头，防止受到意外伤害。

3. 锁好门，防被盗

不法分子从驾驶室内或车厢内盗窃财物的事件时有发生。这就要求送货人员在思想上高度重视防盗问题，养成下车锁门的好习惯，切不可麻痹大意。在送货的过程中，大额现金要及时存入附近的银行，不要给犯罪分子留下可乘之机。

我们在日常送货工作中要注意总结经验，提高安全意识，这样才能降低意外事故发生的概率。

# 实训9　水路货物运输

## 一、相关知识

### 1. 概念
水路运输是使用船舶运送客货的一种运输方式。

### 2. 特点
水运的主要优点是成本低，能进行低成本、大批量、远距离的运输。但是水运也有显而易见的缺点，主要是运输速度慢，受港口、水位、季节、气候影响较大，因而一年中中断运输的时间较长。

### 3. 适用性
水运主要承担大数量、长距离的运输，是在公路运输中起主力作用的运输形式。在内河及沿海，水运也常作为小型运输工具使用，担任补充及衔接大批量公路运输的任务。

### 4. 分类（见图9-1）

图9-1　水运的分类

## 二、实训目标

①了解水路运输的优缺点和适用范围。

②知道水路货物运输作业的流程，掌握各个流程中作业的内容。

③能根据水路货物运输业务熟练地计算运费。

④培养学生良好的职业素质及团队协作精神。

## 三、实训内容

### 1. 实训团队

6 个同学组成一个团队，认真了解实训背景，每个人除了完成下面任务外，还需要完成任务题库的内容（若时间充裕，可以交换角色实训，熟悉完成这个任务中每个角色所做的事情）。请根据分配的角色登录。

举例：团队 1 成员列表

| 序号 | 学号（举例） | 扮演角色 | 主要任务 | 备注 |
|---|---|---|---|---|
| 1 | N01 | 客服文员 | 电话接单<br>有两种托运单：<br>A. 系统自动录入<br>B. 手动录入 | 队长 |
| | | 财务会计 | 成本核算 | |
| 2 | N02 | 业务主管 | 客户自送单<br>分两种情况：<br>A. 客户自送单<br>B. 目的地网点提货 | |
| 3 | N03 | 运输经理 | 分单管理 | |
| | | 调度员 | 车辆申请 | |
| 4 | N04 | 配载员 | 货物配载 | |
| | | 订舱员 | 交接确认 | |
| 5 | N05 | 司机 | 货物收集 | |
| 6 | N06 | 司机 | 送货上门 | |

### 2. 实训任务

请根据 3D 系统任务内容，模拟完成 30 张水运托运单的：

①货物托运单的缮制；

②运输车辆的申请、货物的配载；

③货物的送达及运费的核算；

④完成此运输作业，掌握水路运输的要点及注意事项。

## 四、实训指导

### (一) 业务接单

N01、N02 用户配合完成业务接单，具体操作步骤参考实训 3。

### (二) 分单

N03 用户选择运输部——运输经理登录，运输类型选择水路运输。

### (三) 车辆申请

N03 用户切换到调度员角色登录系统，点击"回到工作岗位"按钮，点击实训中心打开车辆申请模块，新增车辆申请单，单号为系统自动生成，运输类型为"短途运输_ 货物收集"，地点为"码头"。见图 9－2。

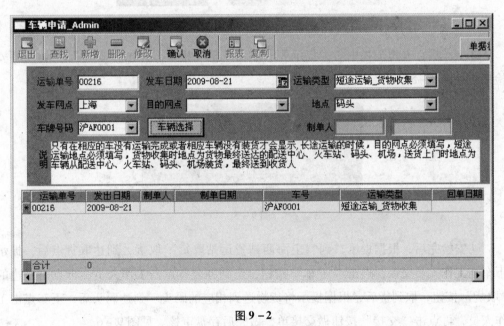

**图 9－2**

### (四) 货物配载

车辆申请成功后，N04 用户进行货物配载，具体操作步骤参考前几处实训。

### (五) 货物收集

配载后，N05 用户选择司机角色登录系统。

**操作流程**

①在实训中心打开司机运输信息，双击选择货物收集业务，弹出货物收集单据，点击"确定"按钮确定，根据系统提示进行操作，见图9-3。

图 9 - 3

②根据系统提示，找到对应的车辆，见图9-4，点击"上车"按钮。

图 9 - 4

③上车后，开出配送中心，提示要求填写车辆安检单，点击"确定"按钮填写安检单，见图9-5。

图 9 - 5

④安检完后，根据提示，到"上海西站货运站取货"取货，到达取货点后，提示下车与工作人员交谈，点击"下车"按钮，走到办公室点击工作人员，再点击左边的"取货"按钮，取到货后，根据提示将货物送到相应的码头。到达码头后，下车点击工作人员，再点击"交接"按钮做交接单，做完后存盘审核。见图9-6。

图 9 - 6

（六）交接确认

交接单做完后 N04 用户切换到订舱员登录做水路运输交接确认，具体操作步骤参考前几处实训。

（七）送货上门货物

①调度员 N03 用户申请车辆，具体操作步骤参考前几处实训。

②车辆申请后，配载员 N04 用户进行货物配载，请参考前面的货物操作，此操作与前面所介绍的货物配载相同。

③货物配载完毕后，N06 用户选择司机角色登录，在实训中心打开"送货上门运输单"，具体操作步骤参考前几处实训。

（八）客户自提货物

"运输部——业务主管"N02 用户，具体操作步骤参考前几处实训。

（九）收款结算

N01 用户切换财务会计登录进行结算，具体操作步骤参考前几处实训。

五、实训思考题

①水路运输应注意哪些问题？
②航空运输、水路运输比较铁路运输的操作流程有哪些相同点和不同点？

六、实训总结

实训结束后，学生对模拟操作进行总结，编写实训报告。

实训报告包括如下内容：

①实训题目；
②实训的目的和要求；
③实训步骤；
④实训结论；
⑤本次实验所扮演的角色及取得的主要收获和体会；
⑥每个同学都要在自己的电脑上运行出模拟的结果，并存盘，供教师考核。

## 七、实训考核

**实训考核表**

班级　　　　　　　　　　　　　　姓名

| 序号 | 考核标准 | 满分 | 得分 |
|---|---|---|---|
| 1 | 完成此案例的运输作业 | 40 | |
| 2 | 会计算水路货物的运费 | 20 | |
| 3 | 运单填写清晰、正确、完整 | 20 | |
| 4 | 完成速度最快 | 20 | |
| | 总分 | 100 | |

**知识加油站**

　　水路运输是利用船舶、排筏和其他浮运工具，在江河、湖泊、人工水道以及海洋上运送客货的一种运输方式。水运主要承担大数量、长距离的运输，是干线运输中起主力作用的运输方式。在内河及沿海，水运也常作为小型运输方式使用，担任补充及衔接大批量干线运输的任务。

### 一、水路运输的分类

　　水路运输有多种分类方法，可以按以下情况分类。

　　①按贸易种类分为外贸运输和内贸运输。

　　②按航行区域分为远洋运输、沿海运输、内河运输和湖泊（包括水库）运输。

　　③按运输对象可分为旅客运输和货物运输。

　　④按运输工具分为船舶运输和排筏运输（包括木排和竹排）。

　　⑤按船舶营运组织形式分为定期船运输（即班轮运输）和不定期船运输（即租船运输）。

### 二、水路运输的特点

　　与其他运输方式相比，水路运输突出特点表现在以下几个方面。

　　①线路投资少。

　　②运载量大。

　　③运输成本低。

　　④受自然环境限制大。

⑤送达速度慢。

水路运输最适合大型、笨重、大宗货物的运输，特别是煤炭、矿石和谷物等散货的运输。

### 三、水路运输设施与设备

水路运输的基本设施包括船舶、港口和航道。

1. 水上航道

现代的水上航道已不仅是指天然航道，而且应包括人工航道、进出港航道以及保证航行安全的航行导标系统和现代通信导航系统在内的工程综合体。

2. 港口

港口的作用，是既为水路运输服务，又为内陆运输服务。

3. 船舶

（1）按货轮的功能（或船型）的不同划分

包括杂货船、散装船、多用途船、冷藏船、油轮、木材船、集装箱船、滚装船、载驳船。

（2）按货物的载重量不同划分

包括巴拿马型船、超巴拿马型船、灵便型船。

### 四、水路运输流程

1. 受理托运作业

发货人（货主、货运代理）在托运货物时，应按承运人的要求填写货物托运单，以此作为货物托运的书面申请。货物托运单是发货人托运货物的原始依据，也是承运人承运货物的原始凭证。

水路运单是承运人或其代理人在接受发货人或货物托运人的订舱时，根据发货人的口头或书面申请货物托运的情况，据以安排货物运输而制订的单证。该单证一经承运人确认，便作为承、托双方订舱的凭证。运单是运输合同的证明，是承运人已经接收货物的收据。

附单：

**水路货物运单**

_____水路货物运单
月　　日

本运单经承托双方签章后，具有合同效力，承运人与托运人、收货人之间的权利、义务关系和责任界限均按《水路货物运输规则》及运杂费用的有关规定办理。

交接清单号码_____　　运单号码_____

| 船名　航次 | 起运港 | | 到达港 | | 到达日期 | 收货人 |
|---|---|---|---|---|---|---|
| 托运人 | 全称 | | 收货人 | 全称 | | |
| | 地址、电话 | | | 地址、电话 | （承运人章） | （章） |
| | 银行、账号 | | | 银行、账号 | | |

| 发货符号 | 货名 | 件数 | 包装 | 价值 | 托运人确定 | | 计费重量 | | 等级 | 费率 | 金额 | 应收费用 | | |
|---|---|---|---|---|---|---|---|---|---|---|---|---|---|---|
| | | | | | 重量/t | 体积（长、宽、高）/m | 重量/t | 体积/m³ | | | | 项目 | 费率 | 金额 |
| | | | | | | | | | | | | 运费 | | |
| | | | | | | | | | | | | 装船费 | | |
| | | | | | | | | | | | | | | |
| | | | | | | | | | | | | | | |
| | | | | | | | | | | | | | | |
| 合计 | | | | | | | | | | | | | | |

| 运到期限（或约定） | | 托运人（公章）月　　日 | 总　计 |
|---|---|---|---|
| 特约事项 | | 承运日期 | 核算员 |
| | | 起运港承运人章 | 复核员 |

## 2. 交运费

水运运费的计算一般要经过以下几个步骤：

第一步：确定货物运价等级。

第二步：确定运价里程。

第三步：确定计费质量。

第四步：确定运价率。

第五步：运价计算。

3. 装船作业

装船作业的要求如下：

①装船前，承运人应将船舱清扫干净，检查管系，准备好垫隔物品，港口经营人应准备好保障安全质量的防护措施。

②承运人与港口经营人在船边进行货物交接。对于按件承运的货物，港口经营人应为承运人创造计数的条件，工班作业结束后，承运人和港口经营人应办清当班交接手续。

③除承运人和港口经营人双方另有协议外，装船时应做到大票分隔、小票集中，每一大票货物应接单装船、一票一清，同一收货人的几票货物应集中在一起装船，每一大票货物或每一收货人的货物，装船开始及终了时，承运人应指导港口作业工做好垫隔工作。

④装船作业时，承运人应派人看舱，指导港口作业人员按计划的装货顺序、部位装舱，堆码整齐。

⑤港口经营人应在每一票货物装完时，检查库场、舱口、作业线路有无漏装、掉件，发现漏装及时补装，发现掉件及时拣归原批。

⑥装船作业时，港口经营者要严格遵守操作规程和货运质量标准，合理使用装卸工具，轻搬轻放。做到不倒关、不淆舱、破包不装船、重不压轻、木箱不压纸箱、箭头向上、堆码整齐。散装货物应按承运人要求平舱。

⑦计划配装的货物，如因故必须退装时，按下列规定办理：

a. 必须按运单、货名、件数退装，不得将几张运单的货物，不分货名、合并笼统退装若干件数。

b. 一张运单的货物全部退装，应将运单抽出，并在货物交接清单内划去。

c. 一张运单的货物退装一部分时，应将退装的件数、吨数，按运单、货名编制货运记录，并在货物交接清单内注明实装件数、吨数；退装货物另行装船，由造成退装的责任方会同托运人进行处理。

⑧货物装船时，如发生实装数量与运单记载数量不符时，承运人与港口经营人编制货运记录，港口经营人事后发现货物漏装，应另行办理托运手续，费用由责任方承担；并在运单特约事项中注明原承运船舶的船名、航次、原运单号码、原发货件数和重量等。

⑨装船完毕，通过港口库场装船的货物，由承运人和港口经营人在货物交接清单上签章；船边直接装船的货物，由承运人和托运人在货物交接清单上签章。未办妥交接手续，船舶不得开航。

⑩货运记录编制和事故处理。货运记录和普通记录的编制，按《水路货物运输规则》办理。编制记录要认真、准确、客观地反映真实情况，以便作为处理事故，查询货物的依据。编制记录应遵守下列规定：

　　a. 在交接或交付货物的当时编制，任何一方不得拒编，也不得事后要求补编。

　　b. 记录内各栏应逐项填写清楚，如有更改应由交接双方在更改处盖章。

　　c. 一张运单或作业委托单有数种品名时，应分别写明情况。

　　d. 内容应如实填写，不得凭想象或假设，不得用揣测、笼统词句；情况要记录详细。

　　附单：

水路货运记录

编号：

| 交货方 | | | | 接货方 | | |
|---|---|---|---|---|---|---|
| 运/提单号码 | 作业合同号码 | | | 船名 | 航次 | |
| 交接时间 | 交接地点 | | | | 车号 | |
| 起运港 | 中转港 | | | | 到达港 | |
| 货物名称 | 包装方法 | | 识别标志 | | 集装箱号 | |
| 记录内容 | | | | | | |

| 交货方（签章） | 接货方（签章） |
|---|---|
| 年　月　日 | 年　月　日 |

　　4. 卸船作业

　　卸船作业的要求如下：

　　①承运人应及时向港口经营人提供卸船资料。对船边直取的货物，应事先通知收货人做好接运提货的准备工作。港口经营人应根据承运人提供的资料以及与作业委托人签订的作业合同，安排好泊位（浮筒、趸船）、库场、机械工具和劳力编制卸船计划。

　　②承运人应派人指导卸货。

　　③卸船时，如在船上发现货物残损、包装破裂、翻钉、松钉、包装完整内有碎声、分票不清、标志不清、装舱混乱以及积载不当等情况，港口经营人应及时与承运人联系，检查确认，编制货运记录证明，不得拒卸或原船带回。

④卸船时，港口经营人应按规定的操作规程、质量标准操作，合理使用装卸机具。

⑤承运人和港口经营人在卸船作业中，应随时检查舱内、舱面、作业线路有无漏卸货物或掉件，港口经营人应将漏卸、掉件和地脚货物按票及时收集归原批。

⑥货物卸进港区仓库，由承运人与港口经营人在船边进行交接。

5. 到达交付

到达交付作业要求如下：

①收货人在接到到货通知后，应当及时提货，不得因对货物进行检验而滞留船舶。货物运抵到达港后，承运人应当在24h内向收货人发出到货通知。

②承运人发出到货通知后，应当每10天催提一次，满30天收货人不提取或者找不到收货人，承运人应当通知托运人，托运人在承运人发出通知后30天内负责处理该批货物。

③除另有约定外，散装货物按重量交接，其他货物按件数交接。

④船边直取货物，由承运人向收货人交付。

⑤不能交付的货物按"关于港口、车站无法交付货物的处理办法"办理。

# 实训 10　航空货物运输

## 一、相关知识

### 1. 概念
航空运输是使用飞机或其他航空器进行运输的一种形式。

### 2. 特点
航空运输的主要优点是速度快，不受地形的限制。在火车、汽车都达不到的地区也可依靠航空运输，因而有其重要意义。

### 3. 适用性
航空运输的单位成本很高，因此，主要适合运载的货物有两类：一类是价值高、运费承担能力很强的货物，如贵重设备的零部件、高档产品等；另一类是紧急需要的物资，如救灾抢险物资等。

## 二、实训目标

①了解航空运输的优缺点和适用范围。

②知道航空货物运输作业的流程，掌握各个流程中作业的内容。

③能根据航空货物运输业务熟练地计算运费。

④培养学生良好的职业素质及团队协作精神。

## 三、实训内容

### 1. 实训团队
6 个同学组成一个团队，认真了解实训背景，每个人除了完成下面任务外，还需要完成任务题库的内容（若时间充裕，可以交换角色实训，熟悉完成这个任务中每个角色所做的事情）。请根据分配的角色登录。

举例：团队 1 成员列表

| 序号 | 学号（举例） | 扮演角色 | 主要任务 | 备注 |
|---|---|---|---|---|
| 1 | N01 | 客服文员 | 电话接单<br>有两种托运单：<br>A. 系统自动录入<br>B. 手动录入 | 队长 |
|  |  | 财务会计 | 成本核算 |  |
| 2 | N02 | 业务主管 | 客户自送单<br>分两种情况：<br>A. 客户自送单<br>B. 目的地网点提货 |  |
| 3 | N03 | 运输经理 | 分单管理 |  |
|  |  | 调度员 | 车辆申请 |  |
| 4 | N04 | 配载员 | 货物配载 |  |
|  |  | 订舱员 | 交接确认 |  |
| 5 | N05 | 司机 | 货物收集 |  |
| 6 | N06 | 司机 | 送货上门 |  |

2. 实训任务

请根据3D系统任务内容，模拟完成30张航空运输托运单的：

①货物托运单的缮制；

②运输车辆的申请、货物的配载；

③货物的送达及运费的核算；

④完成此运输作业，掌握航空运输的要点及注意事项。

## 四、实训指导

### （一）业务接单

N01、N02用户配合完成业务接单，具体操作步骤参考实训2。

### （二）分单

N03用户选择运输部——运输经理登录，运输类型选择航空运输。

### （三）车辆申请

N03用户切换到调度员角色登录系统，点击"回到工作岗位"按钮，点击实训中心，打开车辆申请模块，新增车辆申请单，单号为系统自动生成，运输类型为"短途运输_货物收集"，地点为"机场"。见图10-1。

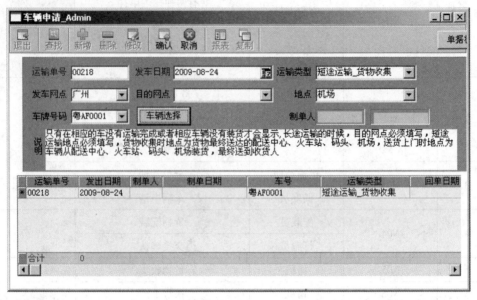

图 10-1

（四）货物配载

车辆申请成功后，N04 用户进行货物配载，具体操作步骤参考前几处实训。

（五）货物收集

配载后，N05 用户选择司机角色登录系统，具体步骤参考前几处实训。

（六）交接确认

交接单做完后 N04 用户切换到订舱员登录做水路运输交接确认，具体操作步骤参考前几处实训。

（七）送货上门货物

①调度员 N03 用户申请车辆，具体操作步骤参考前几处实训。
②车辆申请后，配载员 N04 用户进行货物配载，请参考前面的货物操作，此操作与前面所介绍的货物配载相同。
③货物配载完毕后，N06 用户选择司机角色登录，在实训中心打开"送货上门运输单"，具体操作步骤参考前几处实训。

## （八）客户自提货物

"运输部——业务主管" NO2 用户，具体操作步骤参考前几处实训。

## （九）收款结算

N01 用户切换财务会计登录进行结算，具体操作步骤参考前几处实训。

## 五、实训总结

实训结束后，学生对模拟操作进行总结，编写实训报告。

实训报告包括如下内容：

①实训题目；

②实训的目的和要求；

③实训步骤；

④实训结论；

⑤本次实验所扮演的角色及取得的主要收获和体会；

⑥每个同学都要在自己的电脑上运行出模拟的结果，并存盘，供教师考核。

## 六、实训考核

**实训考核表**

班级　　　　　　　　　　　姓名

| 序号 | 考核标准 | 满分 | 得分 |
|------|----------|------|------|
| 1 | 完成此案例的运输作业 | 40 | |
| 2 | 会计算航空货物的运费 | 20 | |
| 3 | 运单填写清晰、正确、完整 | 20 | |
| 4 | 完成速度最快 | 20 | |
| | 总分 | 100 | |

**知识加油站**

### 一、航空运输知识点

航空运输（Air Transportation），使用飞机、直升机及其他航空器运送人员、货物、邮件的一种运输方式。具有快速、机动的特点，是现代旅客运输，尤其是远程旅客运输的重要方式；为国际贸易中的贵重物品、鲜活货物和精密仪器运输所不可缺。

（一）航空运输有哪些规定

货物重量按毛重计算。计算单位为千克。重量不足 1 千克，按 1 千克算，超过 1 千克的尾数四舍五入。

非宽体飞机装载的每件货物重量一般不超过 80 千克，体积一般不超过 40cm × 60cm × 100cm。宽体飞机装载每件货物重量一般不超过 250 千克。体积一般不超过 250cm × 200cm × 160cm，超过以上重量和体积的货物，由西北公司依据具体条件确定可否收运。

每件货物的长、宽、高之和不得少于 40 厘米。

每公斤的体积超过 6000 立方厘米的货物按轻泡货物计重。轻泡货物以每 6000 立方厘米折合 1 千克计量。

（二）航空运输应办理哪些手续

①托运人托运货物应向承运人填交货物运输单，并根据国家主管部门规定随附必要的有效证明文件。托运人应对运输单填写内容的真实性和正确性负责。托运人填交的货物运输单经承运人接受，并由承运人填发货物运输单后，航空货物运输合同即告成立。

②托运人要求包用飞机运输货物，应填交包机申请书，经承运人同意接受并签订包机运输协议书以后，航空包机货物运输合同即告成立，签订协议书的当事人，均应遵守民航主管机关有关包机运输的规定。

③托运人对运输的货物，应当按照国家主管部门规定的包装标准包装；没有统一规定包装标准的，托运人应当根据保证运输安全的原则，按货物的性质和承载飞机等条件包装。凡不符合上述包装要求的，承运人有权拒绝承运不符合规格的货物。

④托运人必须在托运的货物上标明发站、到站和托运人、收货人的单位。姓名和地址，按照国家规定标明包装储运指标标志。

⑤国家规定必须保险的货物，托运人应在托运时投保货物运输险。

⑥托运人托运货物，应按照民航主管机关规定的费率缴付运费和其他费用。除托运人和承运人另有协议外，运费及其他费用一律于承运人开具货物运单时一次付清。

⑦承运人应于货物运达到货地点后 24h 内向收货人发出到货通知，收货人应及时凭提货证明到指定地点提取货物，货物从发出到货通知的次日起，免费保管三月。收货人逾期提取，应按运输规则缴讨保管费。

⑧收货人在提取货物时，对货物半途而废或重量无异议，并在货物运输单上签收，

承运人即解除运输责任。

⑨因承运人的过失或故意造成托运人或收货人损失，托运人或收货人要求赔偿，应在填写货物运输事故记录的次日起一百八十日内，以书面形式向承运人提出，并附有关证明文件。

## 二、技术设备

实现航空运输的物质基础。主要包括航路、航空港、飞机和通信导航设施等。航路是根据地面导航设施建立的走廊式保护空域，是飞机航线飞行的领域。其划定是以连接各个地面导航设施的直线为中心线，在航路范围内规定上限高度、下限高度和宽度。对在其范围内飞行的飞机，要实施空中交通管制。航空港是由民用飞机场及有关服务设施构成的整体，是飞机安全起降的基地，也是旅客、货物、邮件的集散地。飞机是主要载运工具。机型选用根据所飞航线的具体情况和考虑整体经济技术性能而定。通信导航设施是沟通信息、引导飞机安全飞行并到达目的地安全着陆（见航空领航）的设施。

## 三、管理和经营

基于航空运输对发展国民经济和促进国际交往的重要意义，多数国家都很重视发展航空运输事业。政府设立专门机构进行管理，如中国设立民用航空总局，美国设联邦航空局，苏联设民用航空部等；实行多种优惠政策支持航空运输企业的发展，如政府直接投资、贷款、减免捐税、给予财政补贴等措施。

航空运输企业经营的形式主要有班期运输、包机运输和专机运输。通常以班期运输为主，后两种是按需要临时安排。班期运输是按班期时刻表，以固定的机型沿固定航线、按固定时间执行运输任务。当待运客货量较多时，还可组织沿班期运输航线的加班飞行。航空运输的经营质量主要从安全水平、经济效益和服务质量三方面予以评价。

## 四、航空运输的特点

第一，商品性。航空运输所提供的产品是一种特殊形态的产品——"空间位移"，其产品形态是改变航空运输对象在空间上的位移，产品单位是"人公里"和"吨公里"，航空运输产品的商品属性是通过产品使用人在航空运输市场的购买行为最后实现的。

第二，服务性。航空运输业属于第三产业，是服务性行业。它以提供"空间位移"的多寡反映服务的数量，又以服务手段和服务态度反映服务的质量。这一属性决定了承运人必须不断扩大运力满足社会上日益增长的产品需求，遵循"旅客第一，用户至上"的原则，为产品使用人提供安全、便捷、舒适、正点的优质服务。

第三，国际性。航空运输已成为现代社会最重要的交通运输形式，成为国际间政治往来和经济合作的纽带。这里面既包括国际间的友好合作，也包含着国际间的激烈竞争，在服务、运价、技术标准、经营管理和法律、法规的制定、实施等方面，都要受国际统一标准的制约和国际航空运输市场的影响。

第四，准军事性。人类的航空活动首先投入军事领域，而后才转为民用。现代战争中制空权的掌握是取得战争主动地位的重要因素。因此很多国家在法律中规定，航空运输企业所拥有的机群和相关人员在平时服务于国民经济建设，作为军事后备力量，在战时或紧急状态时，民用航空即可依照法定程序被国家征用，服务于军事上的需求。

第五，资金、技术、风险密集性。航空运输业是一个高投入的产业，无论运输工具，还是其他运输设备，都价值昂贵、成本巨大，因此其运营成本非常高。航空运输业由于技术要求高，设备操作复杂，各部门间互相依赖程度高，因此其运营过程中风险性大。任何一个国家的政府和组织都没有相应的财力，像补贴城市公共交通一样去补贴本国的航空运输企业。出于这个原因，航空运输业在世界各国都被认为不属于社会公益事业，都必须以赢利为目标才能维持其正常运营和发展。

第六，自然垄断性。由于航空运输业投资巨大，资金、技术、风险高度密集，投资回收周期长，对航空运输主体资格限制较严，市场准入门槛高，加之历史的原因，使得航空运输业在发展过程中形成自然垄断。

## 五、航空运输的种类

根据不同的分类标准，航空运输可划分为不同的种类。

①从航空运输的性质出发，一般把航空运输分为国内航空运输和国际航空运输两大类。根据《民航法》第一百零七条的定义，所谓国内航空运输，是指根据当事人订立的航空运输合同，运输的出发地点、约定的经停地点和目的地点均在中华人民共和国境内的运输。而所谓国际航空运输，是指根据当事人订立的航空运输合同，无论运输有无间断或者有无转运，运输的出发地点、约定的经停地点和目的地点之一不在中华人民共和国境内的运输。这一定义是参照中国已参加的《华沙公约》和《海牙议定书》的规定的主要精神形成的，决定航空运输性质的唯一标准是运输的"出发地点"、"目的地点"和"约定的经停地点"是否均在中国境内，而确定"出发地点"、"目的地点"和"约定的经停地点"的依据则是当事人双方订立的航空运输合同，即双方当事人的事先约定，一般不考虑在实际履行该运输合同过程中是否因故而实际地改变了航路。值得注意的是在没有相反证明时，在客票、行李票等运输凭证上注明的关于

"出发地点"、"目的地点"和"约定的经停地点"的内容即为确定该次航空运输的"出发地点"、"目的地点"和"约定的经停地点"的依据。在判断航空运输性质时，不考虑运输有无间断或有无转运。

如何正确理解"约定的经停地点"呢？英国上诉法院于1936年7月13日判决的"格里因诉帝国航空公司案"时曾将其定义为：依照合同的约定，履行合同所使用的航空器在进行合同约定的运输过程中将要降停的地点，不论降停的目的是什么，也不论旅客有何种要在该地点中断其航程的权利。其中"约定的经停地点"不一定非要载入运输凭证才能构成"约定的"经停地点，只要在承运人的班期时刻表上公布就足以构成"约定的"经停地点。但是根据《民航法》第一百一十一条、一百一十二条和一百一十六条之规定，在国际航空运输中，如果承运人不在运输凭证里注明在国外的"约定的经停地点"，承运人将无权援用运输凭证所声明使用的国际航空运输公约有关赔偿责任限制的规定。

为了进一步确定航空运输的性质，有必要深刻了解连续运输的定义。根据《民航法》第一百零八条之规定，航空运输合同各方认为几个连续的航空运输承运人办理的运输是一项单一业务活动的，无论其形式是以一个合同订立或者数个合同订立，应当视为一项不可分割的运输。因此，是否是连续运输是以航空运输合同当事人各方的共同意思决定的，而不取决于合同的形式，只要合同当事人各方把整个航程当做一次营运，并从一开始就约定使用几处连续承运人，即可构成连续运输。连续运输是不可分割的，如果连续运输的若干个航段中有一个航段是在国外履行，那么整个运输（包括国内航段）都是国际航空运输。

②从航空运输的对象出发，可分为航空旅客运输、航空旅客行李运输和航空货物运输三类。较为特殊的是航空旅客行李运输既可附属于航空旅客运输中，亦可看做一个独立的运输过程。航空邮件运输是特殊的航空货物运输，一般情况下优先运输，受《邮政法》及相关行政法规、部门规章等调适，不受《民航法》相关条文规范。

③包机运输。包机运输是指民用航空运输使用人为一定的目的包用公共航空运输企业的航空器进行载客或载货的一种运输形式，其特点是包机人需要和承运人签订书面的包机运输合同，并在合同有效期内按照包机运输合同自主使用民用航空器，包机人不一定直接参与航空运输活动。

# 实训 11  同城货物运输

## 一、相关知识

同城配送的运输要求及注意事项。

优化运输路线的方法。如节约里程法等。

## 二、实训目标

①能够根据货物特性分析运输关键作业环节。

②掌握同城配送的运输要求及注意事项。

③能制定合理的运输业务流程，选择最优运输路线。

## 三、实训内容

### 1. 实训团队

6 个同学组成一个团队，认真了解实训背景，每个人除了完成下面任务外，还需要完成任务题库的内容（若时间充裕，可以交换角色实训，熟悉完成这个任务中每个角色所做的事情）。请根据分配的角色登录。

举例：团队 1 成员列表

| 序号 | 学号（举例） | 扮演角色 | 主要任务 | 备注 |
|---|---|---|---|---|
| 1 | N01 | 客服文员 | 电话接单<br>有两种托运单：<br>A. 系统自动录入<br>B. 手动录入 | 队长 |
| | | 财务会计 | 成本核算 | |
| 2 | N02 | 客服文员 | 电话接单 | |
| 3 | N03 | 运输经理 | 分单管理 | |
| | | 调度员 | 车辆申请 | |

148

续 表

| 序号 | 学号（举例） | 扮演角色 | 主要任务 | 备注 |
|------|------------|---------|---------|------|
| 4 | N04 | 配载员 | 货物配载 | |
| | | 司机 | 送货上门 | |
| 5 | N05 | 司机 | 货物收集 | |
| 6 | N06 | 司机 | 长途运输 | |

2. 实训任务

请根据3D系统任务内容，模拟完成30张从广州到广州的托运单的：

①货物的运输工作；

②运输车辆的申请、货物的配载；

③货物的案例送达及运费的核算。

## 四、实训指导

具体操作步骤参考实训5运输任务一（零担）。

## 五、实训总结

实训结束后，学生对模拟操作进行总结，编写实训报告。

实训报告包括如下内容：

①实训题目；

②实训的目的和要求；

③实训步骤；

④实训结论；

⑤本次实验所扮演的角色及取得的主要收获和体会；

⑥每个同学都要在自己的电脑上运行出模拟的结果，并存盘，供教师考核。

## 六、实训考核

送货时间最短且成本最低，分值每张订单5分。

**知识加油站**

## 一、同城配送问题解析

同城配送问题是由配送问题发展而来的，它是指为客户提供指定城市范围内的单一或者多种货物定时定量的专车配送服务，可以为上、下游客户提供运输、分拣、包装加工、分销、运输、信息跟踪监控等综合物流服务，以实现将上游供应商的货物配送给下游零售商或消费者的增值过程，目前同城配送多以第三方物流形式出现，或者由第三方物流集成商整合社会其他自营物流统一完成同城配送业务。

同城配送在整个物流系统中有着非常重要的地位，它完成了国际物流、国内物流的"最后一公里"的配送业务，是物流社会化、专业化的必然要求。可以打这样一个比方，如果说国际物流、跨域区物流是一个城市的主要供水管道或者社区大型自来水管的话，那么同城物流就是接入每个家庭的小自来水管，同城配送将跨国、跨区域的宏观物流与直接面对零售商和消费者的微观物流有机地、系统地对接了起来。因此与普通的物流配送相比，同城配送具有自己的特点。

①同城配送是一种特殊的微观物流，它与单个企业的微观物流不同，它与国际物流或者跨区域物流等宏观物流、社会物流之间，可以被看做是众多企业的微观物流到城市之间的宏观物流中间的一个节点的关系。但是与我们平常提到的物流相比，同城配送多了一个城市属性的约束，需要在物流涉及的诸多方面加上地域的限制和城市的属性。

②同城配送与企业内部的微观物流有着千丝万缕的联系。由于同城配送与微观物流客观上存在着密切的集散关系，企业输出的微观物流必须通过同城配送才能汇集成输出城市的宏观物流；而外部的宏观物流也只有通过同城配送这个节点的再分配，才能到达各个企业。可以说，企业是同城配送存在的条件，同城配送是连接企业与外部的纽带，是企业通向外界的通道，是促进企业发展和城市区域经济快速发展的有效手段，它们是相辅相成、紧密联系的。

③由于同城配送受到了城市区域的限制，从而决定了这个系统不可能涉及长距离、大范围的物流配送业务，而只能以城市道路系统和近郊短途运输为主。

## 二、我国同城配送存在的问题

近年来，随着物流业的全面发展，同城配送业务取得了很大的成就。但是同城配送由于受经营管理、城市配送条件、小批量、多频次等特点的影响，在系统工程管理、物流资源整合以及标准化特别是信息化建设等方面仍然存在不少问题。

1. 信息化程度低下，成为了影响同城配送企业发展的瓶颈

当今市场日益增长的个性化需求对同城配送物流企业提出了新的要求：准时交货、响应敏捷、信息及时、服务满意。很多同城配送企业虽然有自己的计算机网络，但很多方面仍未能做到内部的信息共享，更谈不上为用户提供随时随地全过程的跟踪查询等外部的信息处理共享，对于现代物流调度、库存、订单管理等应用系统更有待于开

发和完善，离现代物流信息化要求仍有较大的差距，成为了影响同城配送企业发展的瓶颈。

2. 城市配送设施建设取得初步发展，相关先进技术得到初步应用，但仍需进一步加强

我国物流基础设施建设这些年取得了长足进展。发展了不少以现代物流为核心的物流园区、物流中心建设，经过多年发展，我国已经初步形成了以中心城市为依托的城乡一体的同城配送物流网络。但我国现代意义上的同城配送总体发展水平仍然比较低，经营分散，物流布局不合理，技术含量不高，信息化程度低、运作水平与物流效率不尽如人意。虽然我国信息技术、通信技术以及标准化技术在城市配送业务中已经逐步使用，但物流技术尤其是信息技术总体依然落后。

3. 同城配送经营理念已经开始发生变化，但供应链上下游以及行业内部协同合作竞争的理念要加强

目前已经有些同城配送企业开始在配送业务中越来越注重服务质量的提升，经营理念发生了一些变化，开始接受和利用物流外包等运作形式，他们将自身有限的资源集中在自己擅长的核心业务上、强化自身的核心能力。但总体上还缺乏协同竞争的理念，同城配送企业之间、上下游企业与客户之间缺乏合作。例如出现"牛鞭效应"现象，即 Forrester（1961）发现供应链下游微小的市场波动会造成上游制造商制造计划的极大不确定性。这就是因为上下游物流企业和客户没有充分共享信息资源，由于没有完善的大型的同城物流配送信息化平台，也难以共享渠道或者市场信息资源，难以结成相互依赖的伙伴关系，导致了极大的市场风险。

4. 同城配送企业物流成本居高不下，运力资源严重浪费

目前，我国在同城配送这个领域，物流配送的效率和效益都不高。几十年来，我国企业实行的是第一方、第二方运输。就一个大城市来说，成千上万的大小企业，其原材料的运进和产成品的运出，除了有自用专线，使用铁路整车运输的方式外，其他完全是使用各自为政、各个企业使用自备的载重汽车。绝大部分的情况下，载重汽车的运用都是单程重车运行，空载浪费情况非常严重，久之，使城市的交通情况日益恶劣。

## 三、我国解决同城配送问题的改进措施

从现代供应链理论、物流一体化理论、敏捷物流理论中，可以归纳总结出改进我国同城配送问题的措施有以下几点：

1. 加大同城配送企业的信息化程度，推进信息技术的应用，建设企业的信息化系统

现代物流区别于传统物流的最大特点就是网络化、信息化，它的要求就是建立多

种由高新技术支撑的现代物流信息化系统来支撑整个同城配送企业的运行。物流信息系统是发挥网络作用和实现集约化管理的必要工具，凭借它可实现有效的运输管理、运输调度管理、客户信息管理、货物跟踪查询等，保证同城配送企业在服务中能全面及时了解物流服务需求，达到对物流过程的合理有效控制。

2. 创新同城配送企业的赢利模式，加大第三方物流模式的比例，改善企业的业务流程

我国同城配送业目前物流资源浪费的现象可通过整合城市中的物流资源，改组传统的储运企业，改善配送中心的网点布局，形成现代化城市配送网络，完善城市配送中心的功能，将集货、分货、运输、包装、咨询等服务功能结合起来。塑造多层次、多类型的物流配送格局，创新企业的赢利模式，形成新的利润来源。根据企业的实际情况，考虑市场需要和生产流通的发展趋势合理确定配送中心的建设规模和服务水平，为客户提供差异化的配送服务。根据市场需求，不断细分市场，拓展业务范围，发展增值物流服务，提供包括物流策略和流程解决方案、搭建信息平台等服务，用专业化服务满足个性化需求。结合现有资源建立起多功能化、信息化、优质服务的配送中心。既能改善业务流程，又能满足不同层次的客户需求。

3. 构建新合作模式，在信息化系统的支持下对配送的广度与深度进行延伸

城市配送活动中要形成强的竞争力，必须在上下游企业之间建立新的合作模式，通过合作来实现双赢，构筑起牢固的供应链关系。通过协同合作，实现配送业务的快速响应，在配送量与配送质量等方面建立起可靠的保障。通过那些既拥有大量物流设施、健全网络，又具有强大全程物流设计能力的混合型公司将信息技术和实施能力融为一体，提供"一站到位"的整体物流解决方案，全面延伸城市配送业务。通过提供全方位服务的方式，与广大客户加强业务联系，增强相互依赖性，发展战略伙伴关系，在配送的广度与深度上进行延伸。

# 实训 12 危险品运输

## 一、相关知识

危险货物的主要类型。

组织实施危险货物物流的主要条件。

危险货物物流的关键操作。

## 二、实训目标

①能识别各类危险品货物标志。

②能够对比普通货物与危险品货物在运输过程中的差异。

③了解该类型货物运输对企业的特殊要求。

## 三、实训团队

7 个同学组成一个团队，认真了解实训背景，每个人除了完成下面任务外，还需要完成任务题库的内容（若时间充裕，可以交换角色实训，熟悉完成这个任务中每个角色所做的事情）。请根据分配的角色登录。

举例：团队 1 成员列表

| 序号 | 学号（举例） | 扮演角色 | 主要任务 | 备注 |
|------|------|------|------|------|
| 1 | N01 | 客服文员 | 电话接单<br>有两种托运单：<br>A. 系统自动录入<br>B. 手动录入 | 队长 |
| | | 财务会计 | 成本核算 | |
| 2 | N02 | 业务主管 | 客户自送单<br>分两种情况：<br>A. 客户自送单<br>B. 目的地网点提货 | |

| 序号 | 学号（举例） | 扮演角色 | 主要任务 | 备注 |
|------|------|------|------|------|
| 3 | N03 | 运输经理 | 分单管理 | |
| | | 调度员 | 车辆申请 | |
| 4 | N04 | 配载员 | 货物配载 | |
| 5 | N05 | 订舱员 | 货物交接 | |
| 6 | N06 | 司机 | 收货及送货 | |
| 7 | N07 | 司机 | 收货及送货 | |

**任务单（样本）**

| 任务名称 | 危险品运输 | 学时 | 2 |
|------|------|------|------|

运输任务：

2009 年 10 月 28 日，广州仁得贸易有限公司有一批货物要发往多个地方，益达物流有限公司为其运输这批货物，"出货单"见下表。付款方式为回单付，不办理保险，交货的方式是送货到门。

出货单

第一联　客户联

出货时间：2009—10—28　16：00　要求送达时间：2009—11—6　16：00

| 品名 | 规格（L×B×H）（mm） | 单位重量（kg） |
|------|------|------|
| 黄磷 | 纯度（P4）：99.9％min 砷含量（As） | 5 |

备注：

1. 客户在出货单上加盖单位公章，货运公司凭回单结算。

2. 出货单一式三联，第一联客户联，第二联货运公司联，第三联存底联。

工作要点：根据所给的任务组织货物运输

1. 针对运输货物进行货物特性分类。

2. 计算运输距离，依据运输距离选择运输模式。

3. 根据运输需求确定可选运输模式。

4. 对可选运输模式进行寻价。

5. 进行运输模式评价，确定运输模式。

6. 根据货物特性选择运输形式。

7. 根据运输作业设计运输流程。

8. 掌握运费计算方法。

9. 能正确选择工作单，并能叙述各种工作单的用途及相关注意事项。

10. 掌握道路货物运单的流转程序。

11. 正确缮制工作单。

12. 根据运输任务调度车辆，登记调度命令。

13. 自评、系统、教师评分。

## 四、实训考核

**实训考核表**

班级　　　　　　　　　　　　　姓名

| 序号 | 考核标准 | 满分 | 得分 |
|------|----------|------|------|
| 1 | 熟练操作完成 | 70 | |
| 2 | 知道危险物品运输过程中的注意事项 | 10 | |
| 3 | 参与程度 | 20 | |
| | 总分 | 100 | |

## 五、实训总结

充分发挥学生的主观能动性，引导学生主动地认识问题、分析问题、解决问题。敦促每位成员加入其中。

### 知识加油站 ✦➤

危险货物：在货物运输中，凡具有易燃、易爆、腐蚀、毒害、放射射线等性质，在运输、装卸和保管过程中容易引起人身伤亡和财产毁损而需要特别防护的货物，均属于危险货物。汽车运输的危险货物主要有化学原料及产品、军工原料及产品、农业杀虫及肥田药剂、放射性物品。危险品是国联规定的根据物质的不同危险性分为9类。分类及区分的号码是为了方便使用，而非危险性的顺序排列。

## 一、危险货物分类

第1类：爆炸品。

第2类：压缩、液化或加压溶解气体。

第3类：易燃液体。

第4类：易燃固体，易自燃或遇水易燃物品。

第5类：氧化剂和有机过氧化物。

第6类：毒害品和感染性物品。

第7类：放射性物品。

第8类：腐蚀品。

第9类：杂项危险物质和物品。

## 二、危险货物运输企业资质审核

### （一）办理危险化学品通行证所需材料

①企业代码、工商营业执照、道路运输经营许可证；

②车辆的行驶证、道路运输证、罐体检验报告；

③驾驶员的身份证、驾驶证、从业资格证；

④押运员的身份证、道路危险货物运输操作证；

⑤申请单位授权运输危险化学品通告的委托书，运输公司的法人及被委托人的身份证；

⑥申请单位危险品道路交通事故应急处置预案；

⑦申请单位车辆、驾驶员、押运员的交通安全管理规定。

### （二）从事公路危险货物运输企业用户，除必须具备道路普通货物运输规定的基本条件外，还应具备下列条件

①危险货物的车辆、容器、装卸机械及工机具，必须符合交通部 JT 3130《汽车危险货物运输规则》规定的条件，经道路运输管理机构审验合格。

②具有能保证安全运输危险货物的相应设施、设备。

③停车场库要保证车辆出入顺畅，并具有有关部门批准允许停放危险货物运输车辆的证明。有危险货物专用车辆的，应设置相应数量的封闭型车库。

④直接从事道路危险货物运输的驾驶员、押运员、装卸员及有关业务管理人员，必须掌握危险货物运输的有关知识，持有经当地地（市）级以上道路运输管理机构或危险货物运输管理机构考核颁发的《道路危险货物运输操作证》。

⑤危险货物运输车辆驾驶员须有 2 年以上安全驾驶经历或安全行车里程达到 5 万千米以上。

⑥从事营业性道路危险货物运输的单位，除必须具备《细则》上述规定的条件外，还须具有 5 辆以上装运危险货物的车辆，3 年以上从事运输经营的管理经验，配有相应的专业技术管理人员（其中至少有 1 名具有初级技术职称的化工专业人员），并已建立健全安全操作规程、岗位责任制车辆设备保养、维修和安全质量教育规章制度。

# 三、危险货物包装标志（见表 12 -1）

表 12 -1                    中国危险货物包装标志（GB 190）

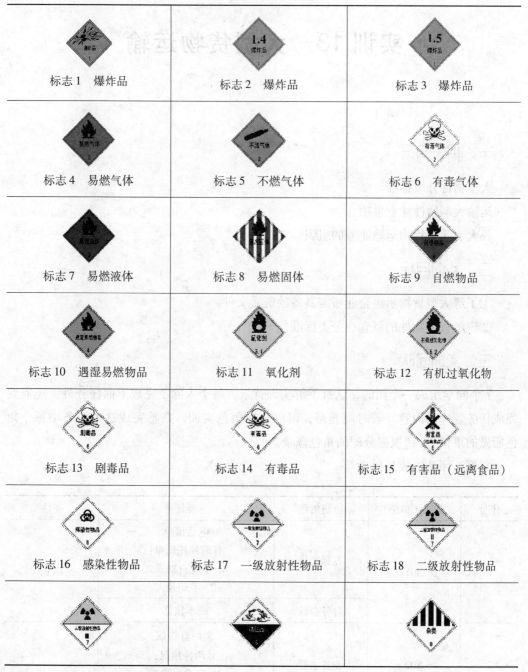

| 标志 1　爆炸品 | 标志 2　爆炸品 | 标志 3　爆炸品 |
| --- | --- | --- |
| 标志 4　易燃气体 | 标志 5　不燃气体 | 标志 6　有毒气体 |
| 标志 7　易燃液体 | 标志 8　易燃固体 | 标志 9　自燃物品 |
| 标志 10　遇湿易燃物品 | 标志 11　氧化剂 | 标志 12　有机过氧化物 |
| 标志 13　剧毒品 | 标志 14　有毒品 | 标志 15　有害品（远离食品） |
| 标志 16　感染性物品 | 标志 17　一级放射性物品 | 标志 18　二级放射性物品 |
| | | |

# 实训 13  大型货物运输

## 一、相关知识

大型物件分级标准。

运输大型物件注意事项。

长大、笨重货物运输业务的组织。

## 二、实训目标

①了解大型货物承运企业所需具备的资质文件。

②理解大型物件的概念、分类标准。

## 三、实训团队

7 个同学组成一个团队，认真了解实训背景，每个人除了完成下面任务外，还需要完成任务题库的内容（若时间充裕，可以交换角色实训，熟悉完成这个任务中每个角色所做的事情）。请根据分配的角色登录。

举例：团队 1 成员列表

| 序号 | 学号（举例） | 扮演角色 | 主要任务 | 备注 |
|---|---|---|---|---|
| 1 | N01 | 客服文员 | 电话接单<br>有两种托运单：<br>A. 系统自动录入<br>B. 手动录入 | 队长 |
| | | 财务会计 | 成本核算 | |
| 2 | N02 | 业务主管 | 客户自送单<br>分两种情况：<br>A. 客户自送单<br>B. 目的地网点提货 | |

续 表

| 序号 | 学号（举例） | 扮演角色 | 主要任务 | 备注 |
|------|------------|---------|---------|------|
| 3 | N03 | 运输经理 | 分单管理 | |
| | | 调度员 | 车辆申请 | |
| 4 | N04 | 配载员 | 货物配载 | |
| 5 | N05 | 订舱员 | 货物交接 | |
| 6 | N06 | 司机 | 收货及送货 | |
| 7 | N07 | 司机 | 收货及送货 | |

**任务单（样本）**

| 任务名称 | 大型货物运输 | 学时 | 2 |
|---------|-------------|------|---|

运输任务：

　　广州宝华现代有限公司是由广州恒逸集团和中国荣盛化纤集团共同出资新办的民营化工企业，位于广州经济技术开发区，专业生产和销售聚酯化纤原料，总投资100亿元，计划年产120万吨聚酯原料。2009年9月5日，益达物流公司经过多轮角逐正式接到中标通知，最终拿下年产45万吨PTA进口设备大件运输项目，签署运输合同。2009年11月1日接到广州宝华现代有限公司来电通知将一批货物送至上海长丰电器制造公司。"出货单"见下表。付款方式为回单付，货物保险费500元，交货的方式是送货到门。

出货单

收货人：田雨　　联系电话：022－87366666

收货人地址：上海长丰电器制造公司

出货时间：2009—11—1　17：00　要求送达时间：2009—11—30　9：00

| 品名 | 规格（L×B×H）（mm） | 单位重量（kg） |
|------|-------------------|---------------|
| PTA进口设备 | 长16.71米、宽6.38米、高7.33米 | 24300 |

备注：

1. 客户在出货单上加盖单位公章，货运公司凭回单结算。

2. 出货单一式三联，第一联客户联，第二联货运公司联，第三联存底联。

工作要点：根据所给的任务组织货物运输

1. 针对运输货物进行货物特性分类。

2. 计算运输距离，依据运输距离选择运输模式。

3. 根据运输需求确定可选运输模式。

4. 对可选运输模式进行寻价。

5. 进行运输模式评价，确定运输模式。

6. 根据货物特性选择运输形式。

7. 根据运输作业设计运输流程。

8. 掌握运费计算方法。

9. 能正确选择工作单，并能叙述各种工作单的用途及相关注意事项。

续 表

| 任务名称 | 大型货物运输 | 学时 | 2 |
|---|---|---|---|

10. 掌握道路货物运单的流转程序。

11. 正确缮制工作单。

12. 根据运输任务调度车辆，登记调度命令。

13. 自评、系统、教师评分。

## 四、实训考核

实训考核表

班级　　　　　　　　　　　姓名

| 序号 | 考核标准 | 满分 | 得分 |
|---|---|---|---|
| 1 | 熟练操作完成 | 70 | |
| 2 | 了解大件商品运输过程中的注意事项 | 10 | |
| 3 | 参与程度 | 20 | |
| | 总分 | 100 | |

## 五、实训总结

充分发挥学生的主观能动性，引导学生主动地认识问题、分析问题、解决问题。敦促每位成员加入其中。

**知识加油站**

## 一、大型物件分级标准（见表 13 - 1）

表 13 - 1　　　　　　　　　大型物件分级标准

| 大型物件级别 | 重量（t） | 长度（m） | 宽度（m） | 高度（m） |
|---|---|---|---|---|
| 一级 | 20 ~ 100 | 14 ~ 20 | 3.5 ~ 4.5 | 3.0 ~ 3.8 |
| 二级 | 100 ~ 200 | 20 ~ 30 | 4.5 ~ 5.5 | 3.8 ~ 4.4 |
| 三级 | 200 ~ 300 | 30 ~ 40 | 5.5 ~ 6.0 | 4.4 ~ 5.0 |
| 四级 | 300 以上 | 40 以上 | 6 以上 | 5 以上 |

## 二、运输大型物件注意事项

①托运长大、笨重货物时，除按一般货物办理托运手续外，发货人还应向运输单位提交货物说明书，必要时应附有货物外形尺寸的三面视图（以"＋"表示重心位置）和计划装载、加固等具体意见及要求。在特殊情况下，还须向有关部门办理准运证。

②受理货物时，应按发货人提出的有关资料对货物进行审核，掌握货物的特性及长、宽、高度，实际重量，外形特征，重心位置等。合理选择车型，计算允许装载货物的最大重量，不准超载。指派专人观察现场道路和交通情况，附近有无电缆、电话线、煤气管道或其他地下建筑物，车辆是否能进入现场，现场是否适合装卸工作，以及调车等情况，并研究装载和运送办法。

③了解运行路线上桥涵、渡口、隧道、道路的负荷能力及道路的净空高度。如需修筑便道或改拆建筑物时，应事先洽请托运方负责解决。

④货物的装卸应尽可能使用适宜的装卸机械。装车时应使货物的全部支承面均匀地、平稳地放置在车辆底板上，以免损坏底板或大梁。

⑤对于集重货物，为使其重量能均匀地分布在车辆底板上，必须将货物安置在纵横垫木上或相当于起垫木作用的设备上。

⑥货物重心应尽量置于车底板纵、横中心交叉点的垂线上，如无可能时，则可对其横向位移严格限制，纵向位移在任何情况下，不得超过轴荷分配的技术数据。

⑦装运长大、笨重货物时，除应考虑它们合理装载的技术条件外，还应视货物重量、形状、大小、重心高度、车辆和线路、运送速度等具体情况，采用不同的加固措施，以保证运输的质量。重件的加固，应在重件的重心高度相等处捆扎为"八"字形，拉线纵横角度尽量接近45°，拉线必须牢固铰紧，避免货物在行进中发生移位，而使重心偏离。

⑧重车重心高度应控制在1.8米以下，如重车重心偏高，除应认真加固外，还应采取配重措施，以降低其高度，必要时车辆应限速行驶。

⑨按指定的路线和时间行驶，并在货物最长、最宽、最高部位悬挂明显的安全标志，日间挂红旗，夜间挂红灯，以引起往来车辆注意。特殊的货物，要有专门车辆在前引路，以便排除障碍。

## 三、长大、笨重货物运输业务的组织

长大、笨重货物运输的组织具有极强的特殊性，其组织工作环节主要包括办理托运、理货、验道、制订运输方案、签订运输合同、线路运输工作组织以及运输结算等。

# 实训 14　鲜活易腐货物运输

## 一、相关知识

鲜活易腐商品的特点。

鲜活易腐商品运输的操作要求。

鲜活易腐商品运输的组织。

## 二、实训目标

①掌握鲜活易腐货物分类知识。

②掌握鲜活易腐货物运输。

## 三、实训团队

7 个同学组成一个团队，认真了解实训背景，每个人除了完成下面任务外，还需要完成任务题库的内容（若时间充裕，可以交换角色实训，熟悉完成这个任务中每个角色所做的事情）。请根据分配的角色登录。

举例：团队 1 成员列表

| 序号 | 学号（举例） | 扮演角色 | 主要任务 | 备注 |
|------|------|------|------|------|
| 1 | N01 | 客服文员 | 电话接单<br>有两种托运单：<br>A. 系统自动录入<br>B. 手动录入 | 队长 |
| | | 财务会计 | 成本核算 | |
| 2 | N02 | 业务主管 | 客户自送单<br>分两种情况：<br>A. 客户自送单<br>B. 目的地网点提货 | |

续　表

| 序号 | 学号（举例） | 扮演角色 | 主要任务 | 备注 |
|------|------------|---------|---------|------|
| 3 | N03 | 运输经理 | 分单管理 | |
| | | 调度员 | 车辆申请 | |
| 4 | N04 | 配载员 | 货物配载 | |
| 5 | N05 | 订舱员 | 货物交接 | |
| 6 | N06 | 司机 | 收货及送货 | |
| 7 | N07 | 司机 | 收货及送货 | |

**任务单（样本）**

| 任务名称 | 鲜活易腐货物运输 | 学时 | 2 |
|---------|----------------|------|---|

运输任务：

广州仁得贸易有限公司送来一批商品委托益达物流公司将出货单中的货物分别送至北京百味林食品销售有限公司和广州通润有限公司。"出货单"见下表。付款方式为回单付，不办理保险，交货的方式是送货到门。

出货单

收货人：刘涛　　联系电话：020 – 88514715

收货人地址：广州通润有限公司

出货时间：2009—11—1　8：00　要求送达时间：2009—11—1　12：00

| 货　名 | 运输温度（℃） | 货　名 | 运输温度（℃） |
|-------|-------------|-------|-------------|
| 鱼 | – 17.8 ~ 15.0 | 虾 | – 17.8 ~ 15.0 |
| 肉 | – 15.0 ~ 13.3 | 黄油 | – 12.2 ~ 11.1 |
| 蛋 | – 15.0 ~ 13.3 | 浓缩果汁 | – 20 |

收货人：崔荷　　联系电话：010 – 87778989

收货人地址：北京百味林食品销售有限公司

出货时间：2009—11—1　8：00　要求送达时间：2009—11—3　18：00

| 货　名 | 运输温度（℃） | 货　名 | 运输温度（℃） |
|-------|-------------|-------|-------------|
| 肉 | – 1 ~ 5 | 葡萄 | 6 ~ 8 |
| 腊肠 | – 1 ~ 5 | 菠萝 | 11 以内 |
| 黄油 | – 0.6 ~ 0.6 | 橘子 | 2 ~ 10 |
| 带壳鸡蛋 | – 1.7 ~ 15 | 柚子 | 8 ~ 15 |
| 苹果 | – 1.1 ~ 16 | 红葱 | – 1 ~ 15 |
| 白兰瓜 | 1.1 ~ 2.2 | 土豆 | 3.3 ~ 15 |
| 梨 | 0 ~ 5 | | |

| 任务名称 | 鲜活易腐货物运输 | 学时 | 2 |
|---|---|---|---|

备注：

1. 客户在出货单上加盖单位公章，货运公司凭回单结算。

2. 出货单一式三联，第一联客户联，第二联货运公司联，第三联存底联。

工作要点：根据所给的任务组织货物运输

1. 针对运输货物进行货物特性分类。

2. 计算运输距离，依据运输距离选择运输模式。

3. 根据运输需求确定可选运输模式。

4. 对可选运输模式进行寻价。

5. 进行运输模式评价，确定运输模式。

6. 根据货物特性选择运输形式。

7. 根据运输作业设计运输流程。

8. 掌握运费计算方法。

9. 能正确选择工作单，并能叙述各种工作单的用途及相关注意事项。

10. 掌握道路货物运单的流转程序。

11. 正确缮制工作单。

12. 根据运输任务调度车辆，登记调度命令。

13. 自评、系统、教师评分。

## 四、实训考核

**实训考核表**

班级　　　　　　　　　　姓名

| 序号 | 考核标准 | 满分 | 得分 |
|---|---|---|---|
| 1 | 熟练操作完成 | 70 | |
| 2 | 了解鲜活易腐商品运输过程中的注意事项 | 10 | |
| 3 | 参与程度 | 20 | |
| | 总分 | 100 | |

## 五、实训总结

充分发挥学生的主观能动性，引导学生主动地认识问题、分析问题、解决问题。敦促每位成员加入其中。

**知识加油站**

## 一、鲜活易腐货物特点及运输方法

鲜活易腐货物，指在运输过程中，需要采取一定措施，以防止死亡和腐坏变质的货物，汽车运输的鲜活易腐货物主要有：鲜鱼虾、鲜肉、瓜果、蔬菜、牲畜、观赏野生动物、花木秧苗、蜜蜂等。

### （一）鲜活易腐货物运输的特点

1. 季节性强、运量变化大

如果在水果、蔬菜大量上市的季节，沿海渔场的鱼汛期等，都会随季节的变化，运量呈大幅度变化。

2. 运送时间要求紧迫

大部分鲜活易腐货物，极易变质，要求以最短的时间，最快的速度及时运到。

3. 运输途中需要特殊照顾

如牲畜、家禽、蜜蜂、花木秧苗等的运输，需配备专用车辆和设备，并有专人沿途进行饲养、浇水等特殊照顾。

### （二）鲜活易腐货物保藏及运输方法

1. 鲜活易腐货物保藏

在鲜活易腐货物运输中，除了少数部分确因途中照料或车辆不适造成死亡外，其中大多数都是因为发生腐烂导致变质。对于动物性食品来说，主要是微生物的作用。由于细菌、霉菌和酵母在食品内的繁殖，使蛋白质和脂肪分解，变成氨、游离氮、硫化醛、硫化铜、二氧化碳等简单物质，同时产生臭气和有毒物质。此外，还使维生素受到破坏，有机物分解，使食物腐败变质，不能食用。对于植物性食物来说，腐烂主要是呼吸作用所致。呼吸作用是一个氧化过程，能抵抗细菌入侵，但同时也不断地消耗体内的养分。随着体内各种养分的消耗，抗病性逐渐减弱，到了一定的程度，细菌就会乘虚而入，加速各种成分的分解，使水果、蔬菜很快腐烂。而水果、蔬菜如被碰伤后，呼吸就会加强，也就加快了腐烂过程。

2. 鲜活易腐货物的运输

冷藏货大致可分为冷冻货和低温货两种。冷冻货是指货物在冻结状态下进行运输的货物，运输温度的范围一般在 $-20℃ \sim -10℃$。低温货是指货物在还未冻结或货物表面有一层薄薄的冻结层的状态下进行运输的货物，一般允许的温度调整范围在为 $-1 \sim 16$ 度。货物要求低冷藏货在运输过程中为了防止货物变质，需要保持一定的温度。该温度一般称作运输温度。温度的大小应根据具体的货种而定，即使是同一货物，由于运输时间、冻结状态和货物成熟度的不同，对运输温度的要求也不一样。

## 二、鲜活易腐货物的运输组织

### 1. 托运

在发货人托运鲜活易腐货物前，应根据货物的不同特性，作好相应的包装。托运时须向承运方提出货物最长的运到期限，某一种货物运输的具体温度及特殊要求，提交卫生检疫等有关证明，并在托运单上注明。

### 2. 承运

承运鲜活易腐货物时，应由货运员对托运货物的质量、包装和温度进行认真检查，要求质量新鲜，包装合乎规定，温度符合规定。对已有腐烂变质特征的货物，应加以适当处理，对不符合规定质量的货物不予承运。

### 3. 装车

运输部门在接收承运的同时，应根据货物的种类、运送季节、运送距离和运送地点确定相应的运输服务方法，及时安排运输适宜车辆予以承运。

### 4. 运送

在鲜活易腐货物运送途中，应由托运方指派押运人沿途照料，承运方对押运人员应交代安全注意事项，并提供工作和生活上的便利条件。在炎热天气运送时，应尽量利用早晚行驶。

# 实训 15 综合任务一

## 一、实训目标

①掌握多单运输时如何有效节约运输成本。
②锻炼学生综合操作的能力。
③培养学生系统化分析问题、解决问题的能力。

## 二、实训团队

7 个同学组成一个团队，认真了解实训背景，每个人除了完成下面任务外，还需要完成任务题库的内容（若时间充裕，可以交换角色实训，熟悉完成这个任务中每个角色所做的事情）。请根据分配的角色登录。

举例：团队 1 成员列表

| 序号 | 学号（举例） | 扮演角色 | 主要任务 | 备注 |
|---|---|---|---|---|
| 1 | N01 | 客服文员 | 电话接单<br>有两种托运单：<br>A. 系统自动录入<br>B. 手动录入 | 队长 |
| | | 财务会计 | 成本核算 | |
| 2 | N02 | 业务主管 | 客户自送单<br>分两种情况：<br>A. 客户自送单<br>B. 目的地网点提货 | |
| 3 | N03 | 运输经理 | 分单管理 | |
| | | 调度员 | 车辆申请 | |
| 4 | N04 | 配载员 | 货物配载 | |
| 5 | N05 | 订舱员 | 货物交接 | |

| 序号 | 学号（举例） | 扮演角色 | 主要任务 | 备注 |
|------|------------|---------|---------|------|
| 6 | N06 | 司机 | 收货及送货 | |
| 7 | N07 | 司机 | 收货及送货 | |

**任务单（样本）**

| 任务名称 | 综合任务一 | 学时 | 2 |
|---------|-----------|------|---|

运输任务：

2009 年 11 月 2 日益达物流公司接到多张出货单，请组织运输工作。

出货单 1

发货公司：广州佳越制造有限公司

收货公司：北京西门子电器有限公司

收货人：刘萌萌　　联系电话：022 – 87385475

出货时间：2009—11—2　14：00　要求送达时间：2009—11—20　9：00

付款方式为回单付，不办理保险，交货的方式是送货到门。

| 品　　名 | 规格（L×B×H）（mm） | 单位重量（kg） |
|---------|-------------------|---------------|
| 超薄板带钢连铸连轧生产线 | 长 1 米、宽 2 米、高 1 米 | 9 |

出货单 2

发货公司：广州通润有限公司

收货公司：北京西门子电器有限公司

收货人：刘萌萌　　联系电话：022 – 87385475

出货时间：2009—11—2　11：00　要求送达时间：2009—11—18　14：00

付款方式为回单付，办理 200 元保险，交货的方式是送货到门。

| 品　　名 | 数量 | 规格（L×B×H）（mm） | 单位重量（kg） |
|---------|------|-------------------|---------------|
| 电冰箱 | 100 | 长 1.5 米、宽 1.5 米、高 2 米 | 8 |

出货单 3

发货公司：广州仁得贸易有限公司

收货公司：北京西门子电器有限公司

收货人：刘萌萌　　联系电话：022 – 87385475

出货时间：2009—11—2　11：00　要求送达时间：2009—11—18　14：00

付款方式为回单付，不办理保险，交货的方式是送货到门。

| 品　　名 | 数量 | 规格（L×B×H）（mm） | 单位重量（kg） |
|---------|------|-------------------|---------------|
| 防爆变频器 | 500 | WL – BPJ | 2 |
| 高压固态软起动柜 | 100 | LXMGR | 1 |

续 表

| 任务名称 | 综合任务一 | 学时 | 2 |
|---|---|---|---|

出货单4

发货公司：广州仁得贸易有限公司

收货公司：北京赛德隆服装服饰有限公司

收货人：闵乐　联系电话：010－82334398

出货时间：2009—11—2　11：00　要求送达时间：2009—11—10　14：00

付款方式为回单付，不办理保险，交货的方式是送货到门。

| 品 名 | 数量 | 规格（L×B×H）（mm） | 单位重量（kg） |
|---|---|---|---|
| 工装 | 100 | M00010623 | 0.3 |
| 牛仔裤 | 100 | LEE－W052 | 0.25 |
| 防雨服装 | 200 | 114cm 练白 | 0.15 |

工作要点：根据所给的任务组织货物运输

1. 针对运输货物进行货物特性分类。

2. 计算运输距离，依据运输距离选择运输模式。

3. 根据运输需求确定可选运输模式。

4. 对可选运输模式进行寻价。

5. 进行运输模式评价，确定运输模式。

6. 根据货物特性选择运输形式。

7. 根据运输作业设计运输流程。

8. 掌握运费计算方法。

9. 能正确选择工作单，并能叙述各种工作单的用途及相关注意事项。

10. 掌握道路货物运单的流转程序。

11. 正确缮制工作单。

12. 根据运输任务调度车辆，登记调度命令。

13. 自评、系统、教师评分。

# 三、实训考核

## 实训考核表

班级　　　　　　　　　　　　　　姓名

| 序号 | 考核标准 | 满分 | 得分 |
|---|---|---|---|
| 1 | 熟练操作完成 | 50 | |
| 2 | 成本节约程度 | 30 | |
| 3 | 参与程度 | 20 | |
| | 总分 | 100 | |

## 四、实训总结

充分发挥学生的主观能动性，引导学生主动地认识问题、分析问题、解决问题。敦促每位成员加入其中。

# 实训 16　综合任务二

## 一、实训目标

①掌握多单运输时如何有效节约运输成本。

②锻炼学生综合操作的能力。

③培养学生系统化分析问题、解决问题的能力。

## 二、实训团队

7 个同学组成一个团队，认真了解实训背景，每个人除了完成下面任务外，还需要完成任务题库的内容（若时间充裕，可以交换角色实训，熟悉完成这个任务中每个角色所做的事情）。请根据分配的角色登录。

举例：团队 1 成员列表

| 序号 | 学号（举例） | 扮演角色 | 主要任务 | 备注 |
|---|---|---|---|---|
| 1 | N01 | 客服文员 | 电话接单<br>有两种托运单：<br>A. 系统自动录入<br>B. 手动录入 | 队长 |
| | | 财务会计 | 成本核算 | |
| 2 | N02 | 业务主管 | 客户自送单<br>分两种情况：<br>A. 客户自送单<br>B. 目的地网点提货 | |
| 3 | N03 | 运输经理 | 分单管理 | |
| | | 调度员 | 车辆申请 | |
| 4 | N04 | 配载员 | 货物配载 | |
| 5 | N05 | 订舱员 | 货物交接 | |

| 序号 | 学号（举例） | 扮演角色 | 主要任务 | 备注 |
|---|---|---|---|---|
| 6 | N06 | 司机 | 收货及送货 | |
| 7 | N07 | 司机 | 收货及送货 | |

**任务单（样本）**

| 任务名称 | 综合任务二 | 学时 | 2 |
|---|---|---|---|

运输任务：

2009 年 11 月 7 日益达物流公司接到多张出货单，请组织运输工作。

出货单 1

发货公司：广州宝华现代有限公司

收货公司：东兴花园 1 号 505

收货人：陈倩　　联系电话：020 - 87385477

出货时间：2009—11—7　14：00　要求送达时间：2009—11—8　9：00

付款方式为回单付，不办理保险，交货的方式是送货到门。

| 品　名 | 数量 | 规格 | 单位重量（kg） |
|---|---|---|---|
| 娃娃折叠婴儿车 | 100 | Ref. 26. 177 Barcode：8412842261778 | 1 |
| 儿童化妆组 | 120 | Lot. No. 010107 | 0.5 |
| 塑料玩具草莓蛋糕 | 100 | Article No. 62/0880，EAN 4029811183869 | 1 |
| 玩具枪 | 110 | 1. 小枪：No. 6589 Lian 7a Ziang；Hong Iian；<br>2. 大枪：No. 6018 | 0.9 |

出货单 2

发货公司：豪景新村南 1 - 603

收货公司：北京金保利纺织工业有限公司

收货人：杨明　　联系电话：010 - 88365476

出货时间：2009—11—7　11：00　要求送达时间：2009—11—8　20：00

付款方式为回单付，办理 200 元保险，交货的方式是送货到门。

| 品　名 | 数量 | 规格 | 单位重量（kg） |
|---|---|---|---|
| 围巾 | 100 | EAN 4005524449225 | 0.2 |
| 儿童礼服——<br>卡米拉礼服 | 50 | 42910302 Bar Code：5704354213974 | 0.2 |

出货单 3

发货公司：广州仁得贸易有限公司

收货公司：北京西门子电器有限公司

收货人：刘萌萌　　联系电话：022 - 87385475

出货时间：2009—11—7　11：00　要求送达时间：2009—11—10　14：00

| 任务名称 | 综合任务二 | 学时 | 2 |
|---|---|---|---|

付款方式为回单付，不办理保险，交货的方式是送货到门。

| 品　　名 | 数量 | 规格（L×B×H）（mm） | 单位重量（kg） |
|---|---|---|---|
| 防爆变频器 | 500 | WL－BPJ | 2 |
| 高压固态软<br>起动柜 | 100 | LXMGR | 1 |

出货单 4

发货公司：广州仁得贸易有限公司

收货公司：上海奥博莱国际贸易有限公司

收货人：赵庆　　联系电话：021－82954421

出货时间：2009—11—7　11：00　要求送达时间：2009—11—11　14：00

付款方式为回单付，不办理保险，交货的方式是上门提货。

| 品　　名 | 数量 | 规格 | 单位重量（kg） |
|---|---|---|---|
| 水晶椰丝 | 100 | 90 克袋装 | 0.3 |
| 冬瓜糖 | 77 | 80 克袋装 | 0.25 |
| 冬瓜糖 | 80 | 90 克袋装 | 0.15 |
| 冬瓜条 | 60 | 125 克袋装 | 0.11 |

工作要点：根据所给的任务组织货物运输

1. 针对运输货物进行货物特性分类。

2. 计算运输距离，依据运输距离选择运输模式。

3. 根据运输需求确定可选运输模式。

4. 对可选运输模式进行寻价。

5. 进行运输模式评价，确定运输模式。

6. 根据货物特性选择运输形式。

7. 根据运输作业设计运输流程。

8. 掌握运费计算方法。

9. 能正确选择工作单，并能叙述各种工作单的用途及相关注意事项。

10. 掌握道路货物运单的流转程序。

11. 正确缮制工作单。

12. 根据运输任务调度车辆，登记调度命令。

13. 自评、系统、教师评分。

## 三、实训考核

**实训考核表**

班级                   姓名

| 序号 | 考核标准 | 满分 | 得分 |
|---|---|---|---|
| 1 | 熟练操作完成 | 50 | |
| 2 | 成本节约程度 | 30 | |
| 3 | 参与程度 | 20 | |
| 总分 | | 100 | |

## 四、实训总结

充分发挥学生的主观能动性，引导学生主动地认识问题、分析问题、解决问题。敦促每位成员加入其中。

# 附　录

# 运输作业术语

1. 运输　transportation

用设备和工具，将物品从一地点向另一地点运送的物流活动。其中包括集货、分配、搬运、中转、装入、卸下、分散等一系列操作。

2. 联合运输　combined transport

一次委托，由两家以上运输企业或用两种以上运输方式共同将一批货物送到目的地的运输方式。

3. 直达运输　through transport

物品由发运地到接收地，中途不需要换装和在储存场所停滞的一种运输方式。

4. 中转运输　transfer transport

物品由生产地运达最终使用地，中途经过一次以上落地并换装的一种运输方式。

5. 甩挂运输　drop and pull transport

用牵引车拖带挂车至目的地，将挂车甩下后，换上新的挂车运往另一目的地的运输方式。

6. 集装运输　containerized transport

使用集装器具或利用捆扎方法把裸装物品、散粒物品、体积较小的成件物品组合成一定规格的集装单元进行的运输。

7. 集装箱运输　container transport

以集装箱为单元进行货物运输的一种货运方式。

8. 门到门　door – to – door

承运人在托运人的工厂或仓库整箱接货，负责运抵收货人的工厂或仓库整箱交货。

9. 铁路运输　railway transport

使用铁路设施、设备运送旅客和货物的一种运输方式。

10. 公路运输　highway transport

使用公路设施、设备运送旅客和货物的一种运输方式。公路运输的运载工具一般是汽车或其他无轨车辆。

11. 水路运输　waterway transport

使用船舶和排筏为运输工具，在江、河、湖、海等水域运送货物的一种运输方式。水路运输包括内河运输、沿海运输和远洋运输等。

12. 航空运输　air transport

使用飞机或其他飞行器运送货物的一种运输方式。

13. 管道运输　tube transport

使用管道设施、设备来完成物品运输的运输方式。

14. 托盘运输　pallet transport

将成件物品堆垛在托盘上，连盘带货一起装入运输工具运送物品的运输方式。

15. 专业线　special railway line

在铁路总经管线网以外，而又与铁路营业网相衔接的各类企业或仓库自有的或向铁路部门租用的铁路。